The
best preparation for

Writing

Level 2

The best preparation for **Writing** Level 2

지은이 홍미란
펴낸이 임준현
펴낸곳 넥서스에듀

출판신고 2008년 2월 18일 제311-2008-00008호 ⓒ
121-840 서울시 마포구 서교동 394-2
Tel (02)330-5500 Fax (02)330-5557

ISBN 978-89-6000-099-5 54740

가격은 뒤표지에 있습니다.

저자와의 협의에 따라서 인지는 붙이지 않습니다.
잘못 만들어진 책은 구입처에서 바꾸어 드립니다.

www.nexusEDU.kr

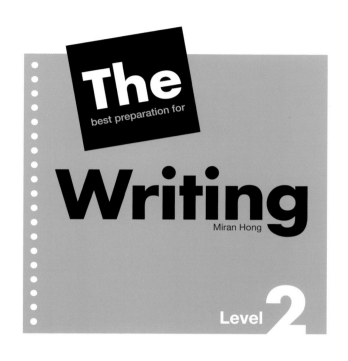

The
best preparation for

Writing
Miran Hong

Level 2

NEXUS Edu

{ 머리말 }

왜 영작인가?

영작은 시대의 대세다.

이제 영어공부는 읽고 들어서 이해하는 것을 넘어서, 말하고 쓰기를 통해 자신의 의사를 전달하는 능력까지 요구하고 있습니다. 이러한 추세는 영작이 영어공부의 사각지대로 소외되어 온 우리나라의 현실에서 더욱 뼈아프게 받아들여지고 있습니다. TOEIC, TOEFL과 여타 시험들에서 영어로 말하고 쓰기를 강화하는 것은 자연스러운 현상이며 앞으로 이러한 추세는 더 심화될 것입니다.

영작은 재미있고 효과적인 영어학습 방법이다.

우리말로 글을 쓰는 것도 쉽지 않은데, 영어로 글쓰기란 실로 큰 도전이 아닐 수 없습니다. 그러나 영작은 그렇게 어렵거나 골치 아프기만 한 것이 아닙니다. 우리는 남의 말을 듣거나 책을 읽을 때보다 자신을 직접 표현할 때 더 큰 만족을 느낍니다. 우리는 영작을 통해 영어공부의 즐거움과 보람을 가장 많이 느낄 수 있습니다. 또한 영작은 가장 고도의 영어학습 방법입니다. 내가 직접 써본 문장은 잘 잊혀지지 않습니다. 영작이 시험을 보기 위해 필요할 뿐 아니라 효과적인 영어공부의 수단도 된다는 말이지요.

이 책은 어떤 책인가?

이 책은 기초 영작문 책이다.

이 책을 통해 여러분은 기초적인 영어문장 만들기를 훈련받게 됩니다. 1권에서는 단문을, 2권에서는 문장이 연결되어 확대된 중문, 복문과 여러 구문들, 그리고 문장의 변형 등을 다루게 됩니다. 이러한 단계별 학습과정을 통해 하나하나 자연스럽고 정확하게 쓰면서 단락 훈련으로 넘어가게 됩니다.

이 책은 문법을 기초로 한 영작문 책이다.

이 책에서 다루는 문법은 시시콜콜한 공식이나 규칙이 아닌 영어의 기본 구조, 즉 뼈대를 가리킵니다. 그 튼튼한 뼈대 위에 어휘와 표현을 확대해가면 흔들림 없이 무한한 영작의 세계로 한 발 한 발 나아갈 수 있습니다.

이 책은 다양한 주제와 목적의 글쓰기를 지향한다.

문법이란 하나의 틀일 뿐이지만, 문법을 통해 담아야 할 내용은 너무나 많습니다. 이 책은 우리가 쓰게 될 다양한 주제와 목적의 글들을 소개하고 미리 써볼 수 있게 여러 가지 장치를 제공하고 있습니다.

필자는 어린 시절 처음 영어를 접하면서 영작의 즐거움을 알았고, 그것이 필자의 영어 인생의 출발점이 되었습니다. 책을 쓰기 시작하면서도 늘 좋은 영작문 책을 쓰고 싶다는, 써야 된다는 바람과 다짐을 가지고 있었습니다. 그것은 시대의 요구이기도 했습니다. 이제 외국에서 만들어진 책이 아닌 우리의 책으로 제대로 된 영어를 배우는 학생들을 많이 만나고 싶습니다. 모쪼록 이 책이 영작에 처음 발걸음을 내딛는 많은 학습자들에게 제대로 된 안내서가 될 수 있기를 간절히 기대해 봅니다.

홍미란

{ 이 책의 특징과 목적 }

1. Grammar-Based Writing

문법을 기초로 한 체계적인 영어 글쓰기

영어문장의 기본 구조를 익히고 그것을 활용한 체계적인 글쓰기를 훈련함으로써 영작문의 기초를 튼튼히 한다.

2. Step by Step Approach

단계별 접근방식을 통한 자연스러운 영어 글쓰기

읽고, 따라 쓰고, 바꿔 쓰는 단계별 과정을 통해 자연스럽게 '홀로 쓰기'에 도달함으로써 두려움이나 거부감 없이 영작의 세계를 확장해 간다.

3. Writing on Various Subjects

다양한 주제의 영어 글쓰기

다양한 주제의 영어문장을 써봄으로써 흥미있게 영어 글쓰기의 세계를 체험하며, 어휘와 관련 표현을 익힘으로써 TOEFL이나 TOEIC 등 Academic Writing에 대비한다.

4. Writing with Multiple Purposes

다양한 목적의 영어 글쓰기

다양한 목적을 가진 영어 글쓰기를 통해 '문장 만들기'에서 '단락 만들기'로 자연스럽게 발전해 간다.

{이 책의 구성}

들어가기 전에

본격적인 영작 학습에 들어가기에 앞서 영어문장의 구성 요소인 단, 구, 절에 대한 이해를 점검한다.

문장의 구성 요소: 단어 · 구 · 절

문장을 구성하는 단어, 구, 절을 정리하고 점검해 본다.

본문

이 책의 목적은 초·중급 실력을 가진 학습자들에게 탄탄한 영작의 기초를 만들어주는 데 있다. 영어문장의 기본 원리를 익히고 그것을 활용해 다양한 표현을 구사하도록 훈련함으로써 향후 TOEFL이나 TOEIC 등 Academic Writing까지 나아갈 수 있는 기초를 다지게 하는 것이다.

I. Writing with Grammar

영작에 꼭 필요하지만 틀리기 쉬운 문법 포인트를 중심으로 그 단원에서 배울 문법사항을 정리하고, 문제를 통해 이해를 확인한다.

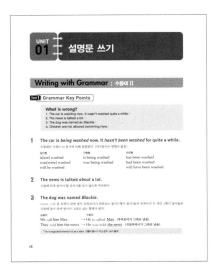

Task 1
Grammar Key Points

1권은 동사부터 명사, 형용사, 부사 등 품사와 단문을 다룬다. 2권은 중문과 복문 그리고 여러 형태의 문장 변형과 활용까지를 다룬다.

Task 2
Composition

각 단원에서 다룬 문법사항을 중심으로 다양한 문장들을 써보는 연습을 한다.

II. Writing Tasks

각 단원은 동시에 각각 다른 목적을 가진 여러 유형의 글쓰기를 다루고 있다. 학습자는 개별 문장 쓰기에서 자연스럽게 단락 쓰기로 이어질 수 있게 훈련받게 된다.

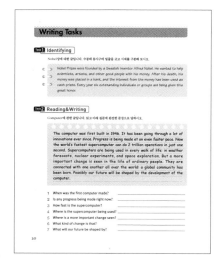

Task 1
Identifying
앞에서 배운 문법사항들이 문장 속에서 어떻게 쓰이고 있는지 Model Paragraph(예시 단락)를 읽고 그 안에서 찾아본다.

Task 2
Reading & Writing
단락을 읽고 질문에 대한 답을 쓴다. 답은 작문이 아니라 지문 속에서 찾아 옮겨쓰는 형태이다.

Task 3
Guided Writing
옮겨쓰기에서 나아가 주어진 표현들을 조합해 문장을 만들어본다.

Task 4
Editing
잘못된 문장을 찾아 고치는 연습을 한다.

Task 5
Sentence Writing
주어진 표현을 이용해서 스스로 문장을 써본다. 각각의 문장을 연결하면 하나의 단락이 된다.

III. Extra Writing Practice

두 단원마다 앞서 배운 내용을 복습하는 영작연습 코너다. 두 단원을 합쳐서 활용해 보고, Academic Writing을 미리 연습해볼 수 있도록 다양하고 활용도 높은 주제를 다루고 있다.

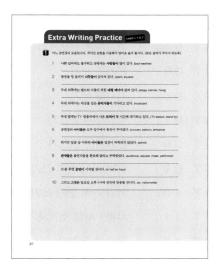

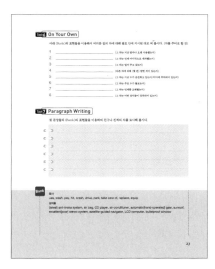

Task 6
On Your Own

지시된 문장을 쓰는 데서 나아가 자기 자신에 대한 주관적인 글쓰기를 해보는 코너다. 문장에 쓰일 수 있는 다양한 어휘와 표현들이 주어지므로 어휘와 표현 학습도 병행된다.

Task 7
Paragraph Writing

〈On Your Own〉을 응용해서 자유롭게 단락 쓰기를 연습해 본다.

Bank

글쓰기에 직접 활용할 수 있는 어휘와 표현들을 정리했다.

IV. Appendix

틀리기 쉬운 영작 Point들을 정리했다.

{Contents}

들어가기 전에

문장의 구성 요소: 단어 · 구 · 절   12

UNIT 01.   설명문 쓰기   18

UNIT 02.   기행문 쓰기   24

UNIT 03.   비교하는 글쓰기 I   32

UNIT 04.   비교하는 글쓰기 II   38

UNIT 05.   전기문 쓰기   46

UNIT 06.   기사문 쓰기   52

UNIT 07.   주장하는 글쓰기   60

UNIT 08.   전달하는 글쓰기   66

UNIT 09.   여러 가지 편지 쓰기 I   74

UNIT 10.   여러 가지 편지 쓰기 II   80

UNIT 11.   사람 · 사물 소개하기   88

UNIT 12.   장소 소개하기   94

UNIT 13.   리포트 쓰기   102

UNIT 14.   서평 · 영화평 쓰기   108

UNIT 15.   에세이 쓰기   116

UNIT 16.   독후감 쓰기   122

APPENDIX   틀리기 쉬운 영작 Point   130

들어가기 전에

문장의 구성 요소: 단어·구·절

1. 단어(8품사)
2. 구
3. 절

문장의 구성 요소: 단어·구·절

문장을 구성하는 가장 기본적인 요소는 단어다. 이 단어들은 그 성격에 따라 명사, 대명사, 동사, 형용사, 부사 등의 8품사로 나뉘어진다. 각 품사의 단어들은 문장에서 주어, 동사, 목적어, 보어, 수식어 등으로 쓰이면서 문장을 만든다. 하나 이상의 단어들이 모여 한 가지 기능을 하는 경우가 있는데 이를 '구'라고 한다. 구에는 명사구, 형용사구, 부사구 세 가지가 있다. 이렇게 모인 단어들이 '주어+동사'의 문장 형태를 갖추고 있을 때 우리는 그것을 따로 구분해서 '절'이라고 부른다.

1 단어(8품사)

영어의 모든 단어는 8개의 품사로 나뉜다. 품사는 단어의 성격에 따라 구분된다.

품사	예	문장에서의 기능
명사	man, table, tree...	주어, 목적어, 보어
대명사	he, they, this, one, someone...	주어, 목적어, 보어
동사	have, make, think, do, eat...	동사
형용사	good, cold, new, tall, small...	보어의 역할, (대)명사 수식
부사	fast, well, soon, fortunately...	동사, 형용사, 다른 부사 수식
전치사	at, in, on, from, for, by, with...	(대)명사 앞에 붙어 조사의 역할을 함
접속사	and, but, when, because, if...	단어와 단어, 구와 구, 절과 절을 이어 줌
감탄사	oh, wow, hooray...	나머지 문장과는 별개로 감정을 전달하는 외침

Exercise 1

피그미족에 대한 글입니다. 다음 문장에서 괄호 안의 품사를 모두 찾아 동그라미하시오.

1. The Pygmies live in the forest of Africa. (명사)
2. They are the smallest people who have lived in the world. (대명사)
3. When Pygmies look at a broken branch, they can tell which animal has been there. (접속사)
4. Pygmies know a lot about plants. They can tell which are good to eat. (동사)

2 구

두 개 이상의 단어가 모여 하나의 문법 기능을 하는 문장의 구성단위로서 명사구, 형용사구, 부사구가 있다. 구는 절과 달리 '주어＋동사'의 형태를 갖추고 있지는 않다.

구의 종류	형태	예문
명사구 주어, 목적어, 보어, 전치사의 목적어로 쓰인다.	동명사구('~하는 것')	I like **swimming in the river**.
	부정사구('~하는 것')	I like **to swim in the river**.
형용사구 명사, 대명사를 꾸민다. 형용사구는 (대)명사를 뒤에서 수식한다.	부정사구('~할')	It's time **to swim in the river**.
	분사구	현재분사 (~하는/하고 있는) Look at *the boy* **swimming in the river**.
		과거분사 (~된/되는) Look at *the car* **painted in bright red**.
	전치사구	Look at *the boy* **in the river**.
부사구 동사, 형용사, 다른 부사를 수식한다.	부정사구('~하기 위해')	I came here **to swim in the river**.
	분사구('~해서')	**Swimming in the river**, he is out of breath.
	전치사구	The river is the longest **in Korea**.

Exercise 2

전자레인지용 팝콘을 튀기는 방법입니다. 다음 문장에서 밑줄 친 구가 어떤 역할을 하는지 쓰시오. (명사구/형용사구/부사구)

1. Remove the plastic overwrap <u>from the bag</u>.
2. Now place it in the center <u>of the microwave oven</u>.
3. Be careful <u>not to make a hole in the bag</u>.
4. Then set the timer and push the button <u>to start</u>.
5. The last step is <u>to remove the bag from the oven</u>.
6. Shake the bag before opening it. Now it's time <u>to eat</u>.
7. But wait a minute! It can be too hot <u>to eat right away</u>.

3 절

둘 이상의 단어가 모여 하나의 문법 기능을 하는 것은 구와 같지만, 그 단어들이 '주어＋동사'의 문장 형식을 갖추고 있는 경우이다. 구냐 절이냐는 길이와는 상관없다.

절의 종류	형태	예문
명사절 주어, 목적어, 보어, 전치사의 목적어로 쓰인다.	that절('~라는 것')	I think **that he is in trouble.** It is true **(that) he is in trouble.**
	whether/if절 ('~인지 아닌지')	I wonder **whether he will work it out (or not).**
	의문사절(의문사로 시작됨)	I don't know **what I can do for him.** He asked me **where I would stay.**
형용사절 명사, 대명사를 수식한다.	관계대명사절(who, which, that)	He is the man **who[that] can help you.** It is a house **which[that] looks like a castle.**
	관계부사절(when, where, how, why)	This is the day **when I first saw him.** This is the hotel **where we stayed.** This is (the way) **how he proposed to me.** This is the reason **why I said yes.**
부사절 시간, 이유, 방법 등 동사를 수식한다.	시간, 이유	I was running **when you called.** I was running **because I was late.**
	양보, 대조	I ran **although it was raining.** I ran, **while he slept in the shade.**
	조건, 방법	I will run **if my health allows.** I will run **as I have always done.**

캐나다의 Churchill이라는 마을에 대한 글입니다. 다음 문장에서 밑줄 친 절이 어떤 역할을 하는지 쓰시오. (명사절/형용사절/부사절)

1. Churchill is a Canadian town <u>which is called the polar bear capital</u>.

2. In the fall it is not a rare sight to see <u>that polar bears wander through the town</u>.

3. They're on the way to Hudson Bay, <u>where they hunt and breed</u>.

4. It is not surprising <u>that some bears choose to stay in the town</u>.

5. They can get a lot of food <u>they like</u> in the town dump.

6. They are large animals <u>that can weigh more than 1,600 pounds</u>.

7. But wild bears are harmless <u>because they rarely attack people</u>.

8. People chase them away by blowing horns or sirens <u>when they get too close</u>.

UNIT 01 설명문 쓰기 | 수동태 Ⅱ

UNIT 02 기행문 쓰기 | 전치사구

UNIT 03 비교하는 글쓰기 Ⅰ | 형용사·부사의 비교

UNIT 04 비교하는 글쓰기 Ⅱ | 등위접속사

UNIT 05 전기문 쓰기 | 시간의 부사절

UNIT 06 기사문 쓰기 | 기타 부사절

UNIT 07 주장하는 글쓰기 | 명사절 Ⅰ

UNIT 08 전달하는 글쓰기 | 명사절 Ⅱ

UNIT 09 여러 가지 편지 쓰기 I | **명사 상당어구(동명사구 · 부정사구)**

UNIT 10 여러 가지 편지 쓰기 II | **부정사(형용사 · 부사적 용법)**

UNIT 11 사람 · 사물 소개하기 | **형용사절 I**

UNIT 12 장소 소개하기 | **형용사절 II**

UNIT 13 리포트 쓰기 | **분사구 I**

UNIT 14 서평 · 영화평 쓰기 | **분사구 II**

UNIT 15 에세이 쓰기 | **특수구문(생략 · 도치 · 강조)**

UNIT 16 독후감 쓰기 | **단어의 활용**

Writing with Grammar : 수동태 Ⅱ

Task1 Grammar Key Points

> **What is wrong?**
> 1. The car is washing now. It wasn't washed quite a while.*
> 2. The news is talked a lot.*
> 3. The dog was named as Blackie.*
> 4. Children are not allowed swimming here.*

1 The car *is being washed* now. It *hasn't been washed* for quite a while.

수동태의 시제는 be동사에 의해 표현된다. (과거분사는 변함이 없음)

일반형	진행형	완료형
is[are] washed	is being washed	has been washed
was[were] washed	was being washed	had been washed
will be washed		will have been washed

2 The news is talked *about* a lot.

수동태 뒤에 있어야 할 전치사를 잊지 않도록 주의한다.

3 The dog was named *Blackie*.

name, call 등 목적어 뒤에 명사 목적보어가 뒤따르는 동사(5형식 동사)들과 목적어가 두 개인 4형식 동사들은 수동태 동사 뒤에 명사가 그대로 남는 형태가 된다.

능동태	수동태
We call him Max.	→ He is called Max . (목적보어가 그대로 남음)
They told him the news.	→ He was told the news . (직접목적어가 그대로 남음)

> * He is regarded[referred to] as a saint. (5형식 동사가 아닌 경우: as가 필요)

4 Children are not allowed *to swim* here.

능동태 allow children to swim에서 목적어 children이 주어가 된 수동태 문장이다. 이렇게 부정사가 따라오는 구문은 수동태로도 많이 쓰이므로 잘 알아 두자.

be told[asked/required/expected/forced/made] to...
be thought[believed/said/alleged/assumed] to be...

> * 수동태+전치사구: be robbed[deprived/warned/reminded/informed] of
> be associated[equipped/connected/provided] with

Task2 Composition

1 다음 문장을 굵은 글씨의 단어가 중심(주어)이 된 수동태 문장으로 만드시오.

1. Jule Verne wrote ***The Time Machine***.

_____

2. Jenny has told **me** the news.

_____

3. The truck ran over **my dog**.

_____

4. They have worked on **the paper** for weeks.

_____

5. Ms. Fran will take care of **our plants** while we're away.

_____

6. They had left **the baby** alone all day.

_____

7. You must do **the job** right away.

_____

2 다음 괄호 안의 표현 중 맞는 것을 고르시오.

1. The song has been (heard/listened) for decades.
2. The drug (was/has been) used since 1990.
3. The music store (is runned/is being run) by an old singer.
4. I think I am being (stared/followed) by a stranger.
5. They were told (stay/to stay) by their coach.
6. They were (given/robbed) everything in the room.

19

Writing Tasks

Task 1 Identifying

Nobel상에 대한 글입니다. 수동태 동사구에 밑줄을 긋고 시제를 구분해 보시오.

Nobel Prizes were founded by a Swedish inventor Alfred Nobel. He wanted to help scientists, artists, and other good people with his money. After his death, his money was placed in a bank, and the interest from the money has been used for cash prizes. Every year six outstanding individuals or groups are given this great honor.

Task 2 Reading&Writing

Computer에 관한 글입니다. 읽고 아래 질문에 완전한 문장으로 답하시오.

The computer was first built in 1946. It has gone through a lot of innovations ever since. Progress is being made at an even faster pace. Now the world's fastest supercomputer can do 2 trillion operations in just one second. Supercomputers are used in every walk of life: in weather forecasts, nuclear experiments, and space exploration. But a more important change is found in the life of ordinary people. They are connected with one another all over the world: a global community has been born. Possibly our future will be shaped by the development of the computer.

1 When was the first computer built? _____

2 Is any progress being made right now? _____

3 How fast is the supercomputer? _____

4 Where is the supercomputer used? _____

5 Where is a more important change found? _____

6 What kind of change is that? _____

7 What will our future be shaped by? _____

모나리자(Mona Lisa)에 대한 글입니다. 다음 문장을 굵은 글씨 표현을 주어로 고쳐 쓰시오. 그리고 원래 글과 어떤 차이가 있는지 생각해 봅시다.

1   Leonardo Da Vinci painted **the Mona Lisa** from 1503 to 1506.

_____

2   An Italian businessman had asked **him** to paint a portrait of his wife.

_____

3   Now the Louvre owns **the world's most famous painting**.

_____

4   Once a man had stolen and hidden **it** for two years before they found **it**.

_____

5   Since then the museum has taken extra care of **it**.

_____

6   They don't allow **visitors** to get close to it.

_____

7   In 1962, they insured **it** for 100 million dollars for an exhibition in the US.

_____

Task4 Editing

레고 장난감에 대한 글입니다. 수동태와 관련하여 잘못된 부분이 있으면 고치시오. (밑줄 친 부분은 동사구)

1. The Lego company <u>started</u> by a Danish carpenter in 1932. **2.** The Lego toy <u>was first made</u> by wood, not plastic. **3.** By the 1970s, it <u>had been become</u> the world's best-loved toy. **4.** So far more than 300 billion Lego building bricks <u>were produced</u>. **5.** Now over 1,700 different-shaped bricks <u>are producing</u>. **6.** It <u>is believed</u> a very educational toy. **7.** Its merits <u>are still talked</u> a lot among parents and teachers. **8.** Lego toys <u>is played</u> in preschools and homes all around the world. **9.** Children <u>are encourage to play</u> with Lego toys.

Task5 Sentence Writing

자전거에 대한 글입니다. 주어진 표현을 이용해서 가능하면 모든 문장을 수동태로 만들어 봅시다. (굵은 글씨 단어를 주어로)

1 오늘날 **자전거는** 대중 교통수단으로 널리 이용되고 있다.
(widely, means, public transportation)

2 **그것은** 18세기 후반에 처음으로 사람들 앞에 선보였다.
(show, the public, the late 18th century)

3 처음에 **그것은** 편안하거나 안전하다고 여겨지지 않았다. (think, safe, comfortable)

4 그러나 **그것은** 창의적인 많은 사람들에 의해 계속 개선되어 왔다. (improve, creative)

5 지금은 **자전거가** 운동용으로도 종종 이용되고 있다. (exercise)

6 **그것은** 점점 가볍고 빠르고 강하게 만들어지고 있다. (light, fast, strong)

7 **도시민들은** 정부로부터 자전거를 타도록 장려된다. (city people, encourage, government)

8 **자전거 타기는** 앞으로 더 대중화될 것으로 기대된다. (cycling, expect, popular)

9 앞으로 더 많은 **자전거 도로들이** 만들어질 것이다. (bicycle trail, future)

10 그러면 **도시민들은** 더러운 공기로 덜 고통받게 될지 모른다. (suffer from, less)

아래 〈Bank〉의 표현들을 이용해서 여러분 집의 차에 대해 괄호 안에 지시된 대로 써 봅시다. (차를 주어로 할 것)

1 _____ (그 차는 지금 얼마나 오래 사용했는지)

2 _____ (그 차는 언제 마지막으로 세차했는지)

3 _____ (그 차는 얼마 주고 샀는지)

4 _____ (다른 차에 의해 (몇 번) 받힌 적이 있는지)

5 _____ (차에 일어나고 있는 일)

6 _____ (그 차는 주로 누가 돌보는지)

7 _____ (그 차는 언제쯤 교체될는지)

8 _____ (그 차는 어떤 장치들이 장착되어 있는지)

Task7 **Paragraph Writing**

윗 문장들과 〈Bank〉의 표현들을 이용하여 친구나 친척의 차를 묘사해 봅시다.

Bank

동사
use, wash, pay, hit, crash, drive, park, take care of, replace, equip, repair

장치들
(latest) anti-brake system, air bag, CD player, air-conditioner, automatic[hand-operated] gear, sunroof, excellent[poor] stereo system, satellite-guided navigator, LCD computer, bulletproof window

기행문 쓰기

Writing with Grammar : 전치사구

Task 1 Grammar Key Points

> **What is wrong?**
> 1. Jane stayed at Florida during a week by her birthday.*
> 2. I sent letters to he and she.*
> 3. After eat dinner, we all went out for a walk.*
> 4. I ran across my old friend in New York on the street.*

1 **Jane stayed *in* Florida *for* a week *until* her birthday.**

전치사는 뜻을 제대로 알아야 한다. 틀리기 쉬운 전치사는 다음과 같다.

· in / at : in Seoul / at the airport (in: 큰 장소 · 시간 / at: 한 지점 · 시점)

· for / during : for a week / during the week (for: 기간 / during: 사건)

· by / until : come by 3 / stay until 3 (by: 시한 / until: 기간)

2 **I sent letters to *him* and *her*.**

전치사 다음에 오는 대명사는 항상 목적격이다.

3 **After *eating* dinner, we went out for a walk.**

전치사 뒤에는 명사만 올 수 있다. 동사라면 반드시 동명사형을 써야 한다.

After eating, we played chess. (또는 After we ate dinner... 이때 After는 접속사)

The knife is for cutting bread. (for cut이라고 하지 않음)

4 **I ran across my old friend *on the street in New York*.**

두 개 이상의 전치사구가 이어서 올 때는 작은 단위가 큰 단위 앞에, 장소가 시간 앞에 온다.

I saw him in my office in LA . (작은 단위 → 큰 단위)

I saw him in LA on Sunday . (장소 → 시간)

Task 2 Composition

1 다음 문장의 빈칸에 들어가기에 적당하지 않은 표현을 고르시오.

1. The book _____ the table is a dictionary.

   a. on   b. under   c. next to   d. in

2. _____ the price, the book sells well.

   a. Because of   b. Despite   c. Thanks to   d. About

3. I will be here _____ 3 o'clock.

   a. at   b. in   c. by   d. until

4. I was here _____ an hour.

   a. about   b. for   c. during   d. after

5. Have you heard _____ him?

   a. of   b. from   c. it with   d. among

6. I will move _____ .

   a. by a car   b. with John   c. out of here   d. across the town

2 괄호 안의 전치사구를 넣어 문장을 더 자세하게 만들어 써 보시오. (이탤릭체는 전치사구의 수식을 받을 명사구)

1. *The picnic* was delayed. (on Friday/because of rain)

   _____

2. I bought *the book* in *the bookstore*. (with a red cover/in the mall)

   _____

3. *A man* came to see you. (at 3 o'clock/with a mustache)

   _____

4. He graduated from *a university*. (in Florida/in 1990)

   _____

5. *The children* will gather here. (from other states/for a campfire)

   _____

6. *No one* left. (in spite of rain/in the stadium)

   _____

Writing Tasks

Task 1 Identifying

타지마할(Taj Mahal)을 방문하고 쓴 글입니다. 전치사구를 찾아 부사구로 쓰였으면 밑줄을 긋고, 형용사구로 쓰였으면 동그라미하시오.

Taj Mahal is one of the most famous buildings in India. It is made of white marble and covered by a white round roof. There is a river running beside the north wall, and another small river running through a beautiful garden inside the building. It was built by King Shah Jahan, in the 1600s for his dead wife, Mumtaz Mahal. Later he died and was buried next to his wife. I could feel his love for his wife from every corner.

Task 2 Reading&Writing

스핑크스(Sphinx)에 대한 글입니다. 읽고 아래 질문에 완전한 문장으로 답하시오.

The sphinx is a sculpture with the body of a lion and the head of a man. The greatest of all is the Great Sphinx of Giza in Egypt. The name Sphinx comes from an ancient Greek word. According to a Greek legend, the Sphinx was a demon with the body of a lion and the head of a woman. She sat beside a road and asked passing people a riddle: "Which animal goes on four feet in the morning, on two at noon, and on three in the evening?" No one could solve it and so they were killed by her. At last it was solved by Oedipus, the Greek king. Then the Sphinx threw herself from her high perch and died.

1 What is the sphinx? _____
2 Which is the greatest of all sphinxes? _____
3 Where does the name Sphinx come from? _____
4 What was the Sphinx in Greek legend? _____
5 What was the riddle? _____
6 By whom was the riddle solved? _____

Task3 Guided Writing

Gina의 여행기입니다. 괄호 안의 전치사구를 넣어 문장을 더 자세하게 만들어 써 보시오.

1   Gina traveled. (for three weeks, in the summer, in Asia)

_____

2   The Borobudur is the world's largest Buddhist temple.
(in Indonesia, on the island of Java, on a small hill)

_____

3   It was the center. (for about 100 years, in the Sailendra Kingdom, of Buddhist worship)

_____

4   The temple disappeared overnight.
(in 930 A.D, from a volcano eruption, under tons of lava and ash)

_____

5   It was found. (in 1814, by a group of Englishmen, after two months of searching)

_____

6   It was restored. (by UNESCO, in 1900, to its original state, as a global project)

_____

Task4 Editing

Washington, DC 여행기입니다. 밑줄 친 전치사구 중 틀린 곳이 있으면 바르게 고치시오. (각 문장에 틀린 곳이 하나 이상일 수도 있음)

1. In last summer we traveled during one week to Washington, DC . 2. Washington D.C. is a historic city with out any skyscrapers . 3. We stayed on a hotel just outside the US capital . 4. We traveled alone by the subway , with the city map on our hand . 5. The White House was burned down while the Independence War . 6. It wasn't called the White House by 1819 , when it was painted white. 7. The National Gallery of Art was the point of the greatest interest to my mom and I . 8. We stayed a long time in the front of the beautiful paintings . 9. The whole trip was time for learn and fun .

Mrs. Lee의 파리 여행기입니다. 다음 전치사와 주어진 표현을 이용해서 영어로 옮겨 봅시다.
(without, from, for, over, because of, during, with, in front of, on, in, like, about, with, despite, after, until, around)

1 나는 월요일에 유럽 여행에서 돌아왔다. (return, trip)

2 나는 파리에서 일주일 이상 머물렀다. (stay, Paris)

3 궂은 날씨 때문에 나는 하늘을 잘 볼 수 없었다. (bad weather)

4 여행 중 나는 다른 나라에서 온 사람들과 오랜 시간 동안 이야기를 나눴다.
(talk, other countries)

5 Louvre 박물관에서는 그리스 조각품들 앞에서 가장 많은 시간을 보냈다.
(the Louvre, spend, the longest time, Greek sculptures)

6 Seine강 위의 다리에서는 영화 속의 배우처럼 달렸다. (bridge, actress)

7 밤에는 강에 비친 파리를 감상했다. (admire)

8 길가의 cafe에서는 낯선 사람들과 함께 거리 음악가들의 연주를 들었다.
(listen to, street musicians, strangers)

9 다리가 아픈데도 나는 늦은 밤까지 밖에 나가 있었다.
(sore legs, stay out, late night)

10 내 일생에 처음으로, 나는 아무 걱정 없는 일주일을 보냈다.
(the first time, my life, spend a week, any concerns)

11 돌아온 후, 나는 그 여행에 대해 글을 썼다. (come back, write)

〈Bank〉의 표현들을 이용해서 괄호 안에 지시된 대로 자기 자신에 대해 써 봅시다.

1 _____ (언제 어디에서 태어났는지)

2 _____ (집 앞[옆/뒤/주변]에 무엇이 있는지)

3 _____ (학교에 어떻게 가는지―교통수단)

4 _____ (주로 누구랑 무엇에 대해 이야기를 하는지)

5 _____ (밤에 몇 시간 동안 자는지)

6 _____ (무엇 때문에 스트레스를 받는지)

7 _____ (아침으로 주로 뭘 먹는지)

8 _____ (무엇 없이/하지 않고 하루도 살 수 없는지)

Task7 **Paragraph Writing**

윗 문장들과 〈Bank〉의 표현들을 이용해 가족이나 친구 중 한 사람에 대해 써 봅시다.

Bank

동사
live, eat, talk, be born, go, sleep, get stressed

전치사
with, without, by, for, because of, on, at, in, in front of, behind, next to, about

명사
· 교통수단: on foot, bus, subway, train, bicycle
· 고민거리: test, schoolwork, performance at school, homework, parents, money, appearance, bullying friends, relationship, future career, weight problem, poor health
· 아침 식사: rice, toast, juice, milk, cereal, fruit, salad, eggs, ham, soup
· 중요한 것: friend, computer, music, cell phone
· 중요한 일: sleeping, eating, talking, exercising

Extra Writing Practice UNITS 1 & 2

1 어느 공연장의 모습입니다. 주어진 표현을 이용해서 영어로 옮겨 봅시다. (굵은 글씨가 주어가 되도록)

1 나쁜 날씨에도 불구하고 공원에는 **사람들이** 많이 있다. (bad weather)

_____

2 광장을 빙 둘러서 **나무들이** 심어져 있다. (plant, square)

_____

3 무대 위쪽에는 밴드의 이름이 적힌 **대형 배너가** 걸려 있다. (stage, banner)

_____

4 무대 뒤에서는 의상을 입은 **음악가들이** 차례를 기다리고 있다. (musician, costume)

_____

5 무대 옆에는 TV 방송국에서 나온 **트럭이** 대기하고 있다. (TV station, stand by)

_____

6 공연장의 **아이들은** 모두 입구에서 풍선이 주어졌다. (concert, balloon, entrance)

_____

7 하지만 일곱 살 이하의 **아이들은** 입장이 허락되지 않았다. (admit)

_____

8 **관객들은** 출연자들을 환호해 달라고 부탁받았다. (audience, request, cheer, performer)

_____

9 30분 후면 **공연이** 시작될 것이다. (in half an hour)

_____

10 그리고 **그것은** 일요일 오후 3시에 전국에 방송될 것이다. (air, nationwide)

_____

2 책의 역사에 대한 글입니다. 주어진 표현을 이용하여 영어로 옮겨 봅시다. (굵은 글씨가 주어가 되도록)

1 **사람들은** 수천 년 전 이래로 기록을 남겨 왔다. (record)

_____

2 2세기까지 **종이는** 지구상에 등장하지 않았다. (appear, on earth)

_____

3 **모든 기록들은** 나뭇잎이나, 나무, 흙판에 남겨졌다. (clay tablet)

_____

4 오랜 시간 동안 모든 **기록들은** 손으로 쓰여졌다. (by hand)

_____

5 중세 때까지 **책은** 일반 대중들에게는 거의 읽히지 않았다.
(the general public, the Middle Ages)

_____

6 **그들은** 사제들에게서 복음을 들었다. (tell, gospel, priest)

_____

7 1453년 Gutenberg에 의해 **인쇄기가** 발명되었다. (printing press, invent)

_____

8 15세기 동안 2천만 권의 **책이** 인쇄되었다. (million, print)

_____

9 책을 통해서 **보다 많은 정보가** 보통사람에게 전달되었다.
(information, deliver, ordinary people)

_____

10 19세기에는 역사상 처음으로 기계에 의해 **책이** 대량으로 생산되었다.
(in large numbers, for the first time, history)

_____

11 지금은 한 해에 미국에서만 2조 권 이상의 **책이** 팔린다. (trillion, alone)

_____

비교하는 글쓰기 Ⅰ

Writing with Grammar : 형용사·부사의 비교

Task 1 Grammar Key Points

What is wrong?
1. John runs more faster than me.*
2. Sally doesn't look pretty as her sister.*
3. He is smarter than any boys in school.*
4. It is a good book I have ever read.*

1 John runs *faster* than me. (=John runs faster than I do.)

비교를 반복하지 않도록 주의한다. 비교급/최상급을 만들 때는 -er/est을 붙이거나 부사 more/most로 수식한다. (3음절 이상의 긴 형용사/부사, -ous/ful/ive/ed 등의 어미가 붙은 형용사나 -ly가 붙은 부사는 more/most로 수식한다. 최상급 앞에는 the가 붙는다.)

〈비교급〉 She is taller than me. She is more intelligent than me.
〈최상급〉 She is the tallest of us all. She is the most intelligent in school.

> * 불규칙변화: many/much-more-most, little-less-least, good/well-better-best
> bad/badly-worse-worst, far-farther/further-farthest/furthest

2 She doesn't look *as[so] pretty as* her sister.

'~만큼 …(안)하다'라고 표현하는 방식이다. 이때 as ~ as 사이에는 원급 형용사/부사가 들어간다. 비교 대상을 생략할 때는 뒤의 as도 같이 생략하나 앞의 as는 생략할 수 없다. (부정문에서는 not so ~ as도 가능)

John is as tall as me. However he is not as[so] heavy (as me).

3 He is smarter than *any other boy* in school.

'어떤 다른 ~보다 더 …하다'라는 표현으로 비교급으로 최상급의 뜻을 표현한다. 이때 any other 다음에 오는 명사는 단수형이다.

No other boy in class is smarter than he is. (no other 단수명사＋비교급)
He is as smart as anyone in class. (as ~ as any...)

> *He is one of the smartest boys in class. (one of the 최상급＋복수명사)

4 It is *the best book* I have ever read.

'지금까지 ~한 적이 있는 가장 …한'의 표현으로 최상급 뒤에 현재완료형이 온다.

Task2 Composition

1 괄호 안에 주어진 형용사/부사를 문장에 맞게 비교급, 최상급 형태로 만들어 넣으시오. (the, as, than 등 필요한 표현은 첨가할 것)

1. John is _____ than Pat. He is _____ of us all. (tall)

2. Simon is _____ than Pat. But he's not _____ as John. (intelligent)

3. I can jump _____ in class. I can jump _____ than any other student in school. (far)

4. Simon speaks French _____ than me. He speaks French _____ as any of us. (well)

5. This is the _____ movie I have ever seen. I haven't seen _____ movie than this. (exciting)

6. Pat eats _____ meat than I do. But he doesn't eat _____ vegetables as me. (much)

7. Simon drives _____ as anyone in the world. He is _____ driver I know.
   (careful/carefully)

2 괄호 안의 표현 중 맞는 것을 고르시오.

1. He is more (happy/pleased) than anyone else in the room.

2. This question is less (difficult/harder) than that one.

3. They are both nice. One is (as nice as/nicer than) the other.

4. I can swim faster in the sea than (the pool/here).

5. Kira is one of the smartest (girl/children) in the neighborhood.

6. Pam spoke more (early/slowly).

7. Which box is the (larger/largest) among the four?

8. Mt. Everest is higher than (any other/no other) mountain in the world.

9. A Rolls Royce is as expensive as any (car/cars) car on the earth.

Writing Tasks

Task 1 Identifying

개구리와 두꺼비를 비교하는 글입니다. 비교급 표현에는 밑줄을 긋고, 원급을 이용한 비교에는 동그라미하시오.

The toad is like the frog in many ways. But they are not as much alike as you think. The toad is shorter and thicker. Its skin is drier and more rough. The toad cannot jump as high as the frog. It cannot jump as far or as fast. Both can live on land or in water. Both sleep in the mud in water. They both lay eggs in the water and eat bugs. And finally, each of them is as hard to catch as the other.

Task 2 Reading&Writing

Jane이 두 친구를 비교하고 있습니다. 읽고 아래 주어진 문장들이 본문의 내용과 다르면 같아지도록 고치시오.

I have two friends, Leona and Jill. They are alike in many ways. Both are smart, loyal, and helpful. Each can carry on a good conversation. One is as humorous as the other. But they are different in some other ways. Leona is more honest. She always says no when she doesn't like something. In contrast, Jill never complains or argues. Leona is more lax. She is hardly on time. She often forgets our dates. Unlike Leona, Jill is never late. When she has to, she always calls. But Jill is not as generous as Leona. Leona doesn't remember others' mistakes very long, but Jill never forgets them.

1 Leona is more helpful than Jill. _____

2 Leona speaks much better than Jill. _____

3 Leona is not as honest as Jill. _____

4 Leona is as outspoken as Jill. _____

5 Leona is more generous than Jill. _____

6 Leona is less intelligent than Jill. _____

7 Leona is not as forgetful as Jill. _____

〈보기〉의 표현들을 연결하여 다양한 최상급 표현의 문장들을 만들어 아래에 써 넣으시오. (as, than 등 필요한 표현은 첨가하고 비교급과 최상급, 단/복수 등 필요하면 단어도 변형시킬 것)

보기		
Chinese	earn a lot of money	people in the world
Bill Gates	is spoken by many	money in the US
Antarctica	is long	place on the planet
The Nile	one of comfortable	river on earth
Hawaii	play golf well	any other island in the US
A BMW	is cold	Tiger Woods
No other player in the world	is far from the mainland	cars I have ever driven

1 Chinese _____ people in the world.

2 Bill Gates _____ money in the US.

3 Antarctica _____ place on the planet.

4 The Nile _____ river on earth.

5 Hawaii _____ any other island in the US.

6 No other player in the world _____ Tiger Woods.

7 A BMW _____ cars I have ever driven.

미식축구와 유럽식 축구를 비교하는 글입니다. 비교와 관련해서 틀린 곳이 있으면 바르게 고치시오. (밑줄 친 부분은 비교의 표현)

1. Soccer is played in <u>many countries than</u> American football. **2.** But Americans love football <u>more better than</u> soccer. **3.** In the US it is <u>more popular than any sport</u>. **4.** It is <u>dynamic as any other sport</u> on earth. **5.** Also it is <u>one of the most tough sport</u> in the world. **6.** Football <u>has complicated rules than</u> soccer. **7.** There are <u>many players playing in football</u>. **8.** Playing time can be <u>longer in football than soccer</u>. **9.** Football players are usually <u>biger and stronger</u>. **10.** But they can be injured <u>more badly</u>.

중국에 대한 글입니다. 주어진 표현을 이용해서 영어로 옮겨 봅시다.

1 중국은 러시아보다 작다. (small, Russia)

2 그것은 일본만큼 부자는 아니다. (rich)

3 그것은 한국 보다 덜 현대적이다. (modern)

4 그것은 지구상에서 가장 오래된 나라 중 하나다. (old, earth)

5 그러나 그것은 세계에서 가장 강력한 국가 중 하나다. (powerful, world)

6 그것은 세계의 모든 나라 중 가장 많은 인구를 가지고 있다. (population)

7 중국인들은 세계의 다른 어떤 민족보다 더 열심히 일한다. (the Chinese, hard, people)

8 그 나라는 세계에서 가장 빨리 성장하고 있다. (grow fast)

9 그것은 다른 어떤 나라보다 급격하게 변화하고 있다. (change rapidly)

10 그것은 세계에서 가장 큰 시장이다. (big market)

11 중국은 미국 보다 더 많은 석유를 사용하게 될지도 모른다. (use, oil)

12 요즘 중국은 미국만큼 자주 신문에 등장한다. (appear, often)

13 미국은 중국을 다른 어떤 나라보다 더 주의깊게 지켜보고 있다. (watch, warily)

Task 6 On Your Own

〈Bank〉의 표현들을 이용해서 여러분 자신과 여러분이 아는 어떤 한 사람을 비교하고(1~6), 여러분 주변의 최고들에 대해 써 봅시다(7).

1 _____ (누가 더 ~해 보이는지: 모습 비교)

2 _____ (누가 더 ~한지: 성향/성격 비교)

3 _____ (누가 더 ~하게 …하는지: 행동방식 비교)

4 _____ (누가 가장 ~하게 말하는지: 말솜씨 비교)

5 _____ (그 사람이 여러분만큼 잘하는 것: 능력)

6 _____ (그 사람이 여러분만큼 잘하지 못하는 것: 능력)

7 _____ (여러분 친구들 중 누가 다른 누구보다 더 ~한지: 평가)

Task 7 Paragraph Writing

윗 문장들과 〈Bank〉의 표현들을 이용하여 여러분이 아는 어떤 두 사람을 비교해 봅시다.

Bank

모습
tall, slim, thin, heavy, plump, handsome, good-looking, pretty, fair, mature, young, masculine, feminine, cute, strong, tidy, sleazy, healthy, pale

성향/성격
lazy, idle, shy, diligent, hard-working, naive, childish, cautious, curious, creative, original, imaginative, artistic, straightforward, witty, smart, sincere, solemn, capricious, sociable, reasonable, disciplined, humble, proud, bossy, gentle, thrifty, optimistic, pessimistic, active, passive

행동방식 cautiously, carefully, emotionally, rationally, well, fluently, fast, slowly, frankly

능력 run, dance, play sports[music], sing, tell jokes[stories], calculate

평가 popular, favored, well-liked, famous, helpful, respectable

비교하는 글쓰기 Ⅱ

Writing with Grammar : 등위접속사

Task 1 Grammar Key Points

What is wrong?
1. I was tired, I went to bed early.*
2. He isn't honest and kind.* (둘 다 아니다)
3. I have a sister and he has too.*
4. I don't know his name and where he lives.*

1 **I was tired *and* I went to bed early.**

접속사 없이 두 개 이상의 구문을 연결할 수 없다.

* and(그리고), but(그러나), or(또는) (단어/구/절을 모두 연결)
  so(그래서), for(왜냐하면), yet(그러나) (절과 절만 연결, 반드시 앞에 쉼표(,)가 필요)
* both A and B(A와 B 둘 다) (both는 A and B를 강조)
  either A or B(A와 B 둘 중 하나) (either는 A or B를 강조)

2 **He isn't honest *or* kind.**

둘 다를 부정할 때 not ... and를 쓰지 않고 not ... or를 쓴다. 부정문과 부정문을 연결할 때 or는 뒷문장의 not과 합쳐 nor가 된다.

He isn't honest, nor is he kind. (nor 다음에 오는 문장은 주어–동사가 도치)
He is neither honest nor (is he) kind. (neither A nor B: A도 B도 아니다)

3 **I have a sister and he *does* too.**

등위접속사로 연결된 구문에서 반복되는 표현은 생략한다. 동사가 술부 전체를 대신할 때 동사는 대동사를 쓴다.
(구어체에서는 have를 쓰기도 하나, 일반동사 have는 do, 완료형은 have가 대동사)

I have been here and he has too. (긍정문을 반복할 때 – too(또한))
= I have been here, and so has he. (so가 앞으로 나가 도치가 됨)

I don't have a car and he doesn't either. (부정문을 반복할 때 – either(또한))
= I don't have a car, and neither does he. (neither가 앞으로 나가 도치가 됨)

4 I don't know his name *or his address.*
등위접속사로 연결된 구문은 같은 문법구조를 취한다. (동명사＋동명사 / 부정사＋부정사)

Task2 Composition

1 다음 두 문장을 등위접속사를 이용해서 하나로 연결하시오. (and, but, or, for, so)

1. He studied hard. Nevertheless, he failed the test.

   _____

2. The tests were difficult. Besides, he was not feeling well that morning.

   _____

3. He had a bad cold. He had walked in the rain the day before.

   _____

4. He has to take the class again. Otherwise he can't graduate.

   _____

5. He was very disappointed. Therefore, I cheered him up a little.

   _____

2 등위접속사로 연결된 다음 문장에서 생략할 수 있는 부분이 있으면 생략해서 간결한 문장으로 다시 쓰시오.

1. No one believed his story but I believed it.

   _____

2. Mike has a beard and every man in his family has one too.

   _____

3. I may go hunting for my vacation or I may play golf for my vacation.

   _____

4. The boy didn't want to sleep, but his mother told him to sleep.

   _____

5. Kate doesn't like loud music, and I don't like it either.

   _____

Writing Tasks

Task 1 Identifying

캐나다와 미국을 비교하는 글입니다. 등위접속사에 동그라미하고 연결되는 두 구문에 밑줄을 그으시오.

As neighboring countries, Canada and the US have a lot in common. Both are countries of immigrants and have their roots in Europe. The people look alike and most of them use the same language. They watch the same TV programs and drive the same kind of cars. But there are as many differences as similarities. Living in a colder state, Canadians are quieter and more old-fashioned. They are less familiar with violence than their neighbor Americans, for there were fewer bloody wars in their history. They didn't have as many gunmen in the Old West, nor do they have as much street crime today.

Task 2 Reading&Writing

Jane이 친구 Pam과 자기를 비교하고 있습니다. Jane이 되어서 비슷한 점과 다른 점을 아래에 정리해 보시오. (생략되지 않은 원래 문장으로 바꿔 쓰시오.)

Pam and I have a lot in common. Her birthday is in July and mine is too. She has a younger brother and I do too. Her father is an engineer and so is mine. I don't like math and neither does she. With all these similarities, we are not very close. We have more differences than similarities. I am always on time, but she hardly is. Mostly I do things by myself, but she doesn't even try to. I think twice before saying no but she hardly does. I usually say sorry after fights, but she never does. We can never be friends.

Similarities

1 _____

2 _____

3 _____

4 _____

Differences

5 _____

6 _____

7 _____

8 _____

Task3 Guided Writing

어떤 책에 대한 글입니다. 빈칸에 알맞은 표현을 〈보기〉에서 연결해 넣으시오. (생략이나 도치 등, 필요하면 문장을 변형시키시오.)

> 보기 It was a box office hit.   You can reserve one on the phone.
>   It appealed especially to kids.   It sells well.
>   The plot is very poor.   Many kids are looking forward to it.
>   She did not work hard on the book.

1 The book is not very good, but _____.

2 The characters are not realistic, and _____.

3 The author was not famous, nor _____.

4 It was made into a movie, and _____.

5 The movie was full of dazzling special effects, so _____.

6 The next book will be a success, because _____.

7 You can reserve a copy online, or _____.

Task4 Editing

도시생활과 시골생활에 대해 이야기하고 있습니다. 접속사의 쓰임과 관련하여 틀린 곳이 있으면 바르게 고치시오. (굵은 글씨는 접속사)

1.I will live in the city for the rest of my life. **Because** I like it. **2.**Cities are usually crowded, sometimes they are very noisy. **3.**There are many cars, **but** the air is not clean. **4.**There is a lot of street crime **so** it is not safe. **5.**Still I like living in the city, **why** it is fun. **6.**It is not boring **and** it is not dull too. **7.**People don't care about you, **nor** they don't bother you. **8.**Sally **and** me both grew up in the country. **9.**I like city life **but** she doesn't like. **10.**I prefer excitement, she prefers peace.

아파트(apartment)와 단독주택(house)을 놓고 비교하는 글입니다. 주어진 표현과 등위접속사를 이용해서 아래 문장을 최대한 간략하게 영어로 옮겨 봅시다.

1 나는 식구가 많아서 큰 집이 필요하다. (big family)

2 나는 아파트를 세를 얻거나 단독주택을 사려고 한다. (rent, buy)

3 그 아파트는 전망이 좋고, 그곳에서 현대적인 생활을 누릴 수 있다.
(good view, enjoy a modern life)

4 대중교통을 이용할 수 있기 때문에 그 아파트는 더 편리하다.
(convenient, public transportation)

5 그 아파트는 도심에서 가깝지만 공기는 깨끗하지 않다. (close, town center, air, clean)

6 그 단독주택은 더 조용하고 공기도 더 깨끗하다. (quiet)

7 애완동물을 기를 수 있기 때문에 아이들은 단독주택을 좋아한다. (have a pet)

8 하지만 그것은 편리하지 않고 관리하기도 쉽지 않다. (easy, maintain)

9 이 아파트는 새것이지만 이 집은 십 년이 넘었다. (over ten years old)

10 네 의견을 말하라. 그렇지 않으면 나는 이 집을 사겠다. (give one's opinion)

Task6 On Your Own

〈Bank〉의 표현들과 등위접속사 중 하나를 이용하여 지시된 대로 여러분에 대한 글을 써 봅시다.
(and, but, or, so, for, nor)

1 _____ (좋아하고 잘하는 일)

2 _____ (잘하고 싶지만 잘 못하는 일)

3 _____ (되고 싶은 것 두 가지: ~ 또는 …)

4 _____ (하루 중 가장 컨디션이 좋은 시간대 둘: ~ 또는 …)

5 _____ (여러분도 가지고 있고 친구도 가지고 있는 것)

6 _____ (여러분도 없고 친구도 안 가지고 있는 것)

7 _____ (지금까지 하지 않았고 앞으로도 하지 않을 일)

Task7 Paragraph Writing

윗 문장들과 〈Bank〉의 표현들을 이용하여 여러분과 가까운 한 사람에 대해 써 봅시다.

Bank

잘하고 싶은 일 sing, dance, draw, paint, run, swim, stay awake until late, speak English, speak in public, earn money, make friends, get good grades

바람직하지 않은 일 skip meals, stay up a night, cheat, hit someone, lie, tease someone, fight, bully, reveal someone's secret, break promise, disappoint someone, threaten

직업 teacher, doctor, scientist, artist, musician, violinist, pianist, dancer, singer, designer, actor/actress, writer, poet, announcer, TV producer, reporter, pilot, flight attendant, police officer, government official, engineer, farmer, environmentalist, businessperson, soldier, social worker, politician, pharmacist, nurse

물건 CD player, cell phone, digital camera, MP3 player, notebook computer, desktop computer, clothes, jewelry, book

1 개를 좋아하는 어느 학생이 개와 고양이를 비교하는 글입니다. 주어진 표현을 이용해서 영어로 옮겨 봅시다.

1   개는 고양이만큼 오랜 세월 동안 사람들의 친구였다. (human)

_____

2   미국에는 거의 개만큼 많은 고양이가 있다. (almost)

_____

3   그들은 공통점만큼 많은 차이점을 가지고 있다. (similarities, differences)

_____

4   개는 보통 고양이보다 더 우호적이다. (friendly)

_____

5   개는 고양이가 좋아하는 것보다 사람을 더 좋아한다.

_____

6   개는 충성스러워서 절대로 주인을 배신하지 않는다. (loyal, betray, owner)

_____

7   개는 친구도 되어 주고 여러 가지로 도움도 되어 준다.
(become one's friend, helpful, in many ways)

_____

8   반면, 고양이는 개만큼 충성스럽거나 도움이 되지 않는다. (on the contrary, loyal, helpful)

_____

9   개는 고양이보다 덜 폭력적이다, 왜냐하면 그들은 고기만 먹지는 않기 때문이다.
(violent, eat only meat)

_____

10   개와 고양이를 관찰해 보라, 그러면 당신도 내 말에 동의하게 될 것이다. (agree)

_____

2 New York City와 Washington D.C.를 비교하는 글입니다. 주어진 표현을 이용해서 영어로 옮겨 봅시다.

1   New York City는 Washington D.C.만큼 미국에서 중요한 도시이다. (important)

_____

2   미국에서 New York City는 경제의 중심지고 Washington D.C.는 정치의 중심지다.
    (center, economy, politics)

_____

3   New York City는 미국의 동부에 위치해 있고 Washington D.C.도 그렇다.
    (located, east coast)

_____

4   New York City는 Washington D.C.보다 더 크고 현대적이다. (modern)

_____

5   New York City의 건물들은 Washington D.C.의 건물들보다 훨씬 더 높고 새 것이다.
    (building)

_____

6   New York City의 인구는 Washington D.C.보다 4배 더 많다. (population, four times)

_____

7   New York City에는 세계 어느 도시보다 이민자들이 많다. (immigrant)

_____

8   그 도시에는 세계에서 가장 부유한 사람들이 살고 있지만 가난한 사람들 또한 많이 있다.
    (wealthy, poor)

_____

9   그곳에는 고층건물만큼 많은 빈민가가 있다. (skyscraper, slum)

_____

10 Washington D.C.는 New York City보다 작지만 New York City만큼 볼거리가 많다.
    (things to see)

_____

전기문 쓰기

Writing with Grammar : 시간의 부사절

Task 1 Grammar Key Points

What is wrong?
1. While exercise, he broke his leg.*
2. They fought when I entered the room.*
3. I will be back before it will get dark.*
4. There was no one. Everybody left by the time I got there.*

1 *While (he was) exercising*, **he broke his leg.**

전치사와 접속사를 잘 구분해야 한다. while은 접속사이므로 뒤에 '주어+동사'의 문장이 와야 한다. (단, 주절과 주어가 같을 때 '주어+be동사'는 생략할 수 있다.)

While he was young, he was very weak. (접속사+문장)
During his childhood, he was very weak. (전치사+단어/구)

2 **They** *were fighting* **when I entered the room.**

'~했을 때(when절: 과거)' 다음에 오는 '~하고 있었다'는 과거진행형을 써야 한다. 같이 과거형을 쓰면 '~하자 …하다'로 그 다음에 일어난 일이 돼버린다.

They stopped talking when I entered the room. (과거+과거)

3 **I will be back before it** *gets* **dark.**

시간의 부사절과 조건절(if절)에서는 현재가 미래를 대신한다.

He will call you when[if] he arrives. (when절은 부사절 — 미래 대신 현재를 씀)

4 **There was no one. Everybody** *had left* **by the time I got there.**

'모두 떠나고 없었다'는 과거완료형를 써야 한다. 만약 과거를 쓴다면 내가 도착하자 사람들이 떠났다는 뜻이 된다. 접속사는 before/when도 가능하다.

〈기타 시간의 부사절과 접속사〉
I have lived here since I was born. (since(~한 이래로): 주절에 현재완료가 옴)
I liked it once[the moment] I saw it. (once(일단 ~하자), the moment(~한 순간))
You can use my room as long as you stay. (as long as(~하는 동안/~하는 한))
She is always in black whenever[everytime] I see her. (whenever(~할 때마다))
She was only two the first time I saw her. (the first time(처음 ~했을 때))

Task 2 Composition

1 굵은 글씨의 문장을 시간의 부사절로 고쳐 두 문장을 하나로 만드시오.

1. **I saw the accident.** I was walking home then.

   _____

2. **I fell down.** I didn't stop running until then.

   _____

3. **I met him last week.** I have been thinking about him since then.

   _____

4. **I arrived at the station.** The train had already left by then.

   _____

5. **He will be here.** I will finish this before then.

   _____

6. **The meeting will end at 8.** I'll give you a call after that.

   _____

2 주어진 동사를 문장에 맞는 시제로 만드시오.

1. I _____ (live) in Seoul since I was born.

2. He _____ (fall) down three times by the time he finished the race.

3. The leaves _____ (be) red when I come back from the next trip.

4. I will stay until he _____ (get) back here.

5. He'll take a short walk after he _____ (finish) dinner.

6. He _____ (sleep) when I got in. He didn't know I was there.

7. He _____ (open) his umbrella when it began to rain.

8. The play _____ (already start) by the time we arrived.

9. I _____ (hardly drive) a mile when I got a flat tire.

Writing Tasks

Task 1 Identifying

Harry Potter를 쓴 J. K. Rowling에 대한 글입니다. 읽고 시간의 부사절에 밑줄을 긋고 부사절과 주절의 동사에 동그라미하시오.

J. K. Rowling was a poor single mom when she began to write the book *Harry Potter* in 1990. She had had several minor jobs but still had no heat in her apartment. By the time she started on the second book of the series, however, she had already become a very rich woman. Her life has completely changed since the first book came out in 1997. Now her six books have been translated into more than forty languages, earning her billions of dollars. The series will end with the seventh book when Harry becomes seventeen, the author says.

Task 2 Reading&Writing

Susie가 자기 가족사를 들려주고 있습니다. 읽고 본문과 같은 내용이 되도록 아래 문장을 완성하시오.

My great-grandfather started his life as an American when he came to this 'land of gold' at the age of 17. He had never been out of a small Irish farm before he crossed the Atlantic. When he got married, he was milking cows on the farm. He worked every day and night until all his children graduated from university. By the time he passed away in 1968, he had seen all ten of his grandchildren get married. He was a man of character. His courage and strength will always guide me when I am in trouble.

1 Her great-grandfather became American when _____ .

2 He had never traveled abroad before _____ .

3 He was working on the farm when _____ .

4 He worked really hard until _____ .

5 All his grandchildren had got married by the time _____ .

6 His strong character will guide Susie when _____ .

Bill Gates의 일생입니다. 아래 표를 보고 〈보기〉의 표현을 넣어 그의 일생을 완성하시오. (동사의 시제는 문장에 맞춰 바꿀 것)

1955	1969(14세)	1973	1975(20세)	1983	1990(35세)
born	meet Paul Allen, write programs	at Harvard, work on programs for PC	out of Harvard, create Microsoft	Allen ill, leave Microsoft	the youngest billionaire in US history

보기
right after he (drop) out of Harvard
by the time he (be) thirty five years old
when he (fall) ill and (leave) Microsoft in 1983
while he (attend) Harvard University
when he (meet) Allen and first (write) programs for money

1 Bill Gates was fourteen _____ .

2 _____ , he was working on a program for PC.

3 _____ , he created a company called Microsoft.

4 Allen had been his business partner for over a decade _____ .

5 Bill had already become the youngest billionaire in US history _____ .

Task4 Editing

Sumi의 전기문 숙제입니다. 틀린 곳이 있으면 고쳐서 문장을 다시 쓰시오. (밑줄 친 부분은 부사절)

1. Helen Keller became blind and deaf. When she was two. 2. During a small child, she was like a wild animal. 3. Until met Ms. Sullivan, she didn't know how to communicate. 4. It took a long time before she understood the relationship between words and signs. 5. Helen became an excellent student once she learned how to read. 6. Then she was twenty, she went to college. 7. By the time she died, she wrote thirteen books. 8. Her story inspired many people since it has come out in 1902. 9. As long as her story will be read, she will inspire more people.

Sumi가 쓴 Amelia Earhart의 전기입니다. 주어진 표현과 접속사를 이용해서 영어로 옮겨 봅시다.

1   Amelia Earhart는 어렸을 때부터 호기심이 많았다. (curious)

2   비행기 조종사가 되기 전에 그녀는 이미 28개의 직업을 가졌었다. (pilot, job)

3   1차 세계대전이 일어나자 그녀는 간호사로 지원하기도 했다.
(World War I, break out, volunteer)

4   이 모든 일을 하면서 그녀는 늘 세계일주비행을 꿈꿨다. (dream of, fly around the world)

5   1928년, 그녀가 시도하기까지 어떤 여자도 대서양 위를 날아보지 못했다.
(the Atlantic, try)

6   그녀가 세계일주비행에 착수할 즈음엔 그녀는 이미 유명해져 있었다.
(famous, around-the-world flight)

7   그러나 1937년 그녀가 태평양 위를 나는 동안 그녀의 비행기는 갑자기 사라져 버렸다.
(disappear, Pacific Ocean, suddenly)

8   그녀가 사라진 이래 그녀의 죽음은 아직도 확인되지 않고 있다. (death, confirm)

9   내가 여덟 살 때 그녀에 관해 읽은 이래로 그녀는 늘 나의 우상이었다. (idol)

10   나는 자라서 그녀와 같은 강한 여성이 될 것이다. (grow up)

50

Task6 On Your Own

〈Bank〉의 표현들을 이용해서 여러분이 잘 아는 살아있는 누군가의 전기를 써 봅시다. (모든 문장에 시간의 부사절을 사용할 것: when, while, before, after, by the time, since, as soon as, until)

1 _____ (그 사람이 어렸을 때 있었던 일)

2 _____ (학교를 다니던 동안 있었던 일)

3 _____ (학교를 졸업한 후 있었던 일)

4 _____ (결혼할 당시 어떤 일을 하고 있었는지)

5 _____ (40세가 되었을 때까지 (못) 이룬 일)

6 _____ (태어난 이래로 한 번도 못 해본 일)

7 _____ (죽기 전에 하고 싶어하는 일)

Task7 Paragraph Writing

윗 문장들을 연결하여 단락을 만들어 봅시다.

Bank

성장과정에 있었던 일
fight with friends, break leg[arm], win a medal[game/prize/lottery], drop out of school, fall ill, lose family, have bad[good] friends, had good[little/no] education, have war, run away, work, sail, be good at

성인기의 일
fall in love, have a good[bad] marriage, divorce, study[travel/work] abroad, work, do business, join the army, go bankrupt, earn a lot of[little/no] money, set up a company, succeed[fail] in business, get surgery, be hospitalized, be ill, help people in need, lose jobs

못 해본 일/하고 싶은 일
win a medal[a lottery/the first place], travel abroad, be rich[famous], be in love

기사문 쓰기

Writing with Grammar : 기타 부사절

Task 1 Grammar Key Points

What is wrong?
1. However he was sick, he went to work early.*
2. The water was too cold that I couldn't get into it.*
3. If I am you, I will think about the decision again.*

1 *Although* he was sick, he went to work early.

however는 접속사의 뜻을 가지고 있지만 접속사가 아니고 부사다.

Since he was sick, he stayed home from work. (since(~이므로) – 접속사)
* He was sick; therefore, he stayed home. (therefore(그래서) – 접속부사)

| *접속부사: therefore/thus 그래서(=so) | besides/moreover 게다가 |
| however/nevertheless 그럼에도 불구하고(=but) | otherwise 그렇지 않다면(=or) |

2 The water was *so* cold (that) I couldn't get into it.

so ~ that...(너무 ~해서 …하다)의 so를 too로 쓰지 말 것. (too는 뒤에 that절이 없을 때 씀) so 뒤에는 형용사/부사가 오고, 명사가 올 때는 so 대신 such를 쓴다. (that은 생략 가능)

It was so cold (that) I stayed inside. (so 형용사/부사 that(너무 ~해서 …하다) – 결과)
It was such a cold day (that) I stayed inside. (such (a) 명사 that...)
* I saved money so (that) I could buy a car. (so that ~ can/may(~하기 위해) – 목적)

3 If I *were* you, I *would* think about the decision again.

가능한 상황을 전제하는 조건절과 달리 현실과 반대되는 가정을 하는 가정법에서는 현재사실은 과거로, 과거는 과거완료로 쓴다. (주절에는 would)

if+과거형 동사, would+동사원형 (가정법 과거(~라면 …할 텐데) — 현재사실의 반대)
If I were you, I would call him. 내가 너라면 그에게 전화할 텐데.

if+과거완료형, would have+p.p. (가정법 과거완료(~였다면 …했을 텐데) - 과거사실의 반대)
If I had been **you**, I would have called **him**. 내가 너였다면 그에게 전화했을 텐데.

〈기타 부사절〉
John is gentle while Sam is very tough. (while(~인 반면에) - 반대되는 대상을 대조)
Do it as I told you. (as(~한 대로))
He talks as if[though] he were my boss. (as if[though](마치 ~인 것처럼) - 현실과 반대면 가정법을 씀)

Task2 Composition

1 아래 문장의 접속사에 뒤이어 들어갈 표현을 〈보기〉에서 찾아 써 넣으시오.

> 보기
> he might not wake anybody up   everybody was sound asleep
> his friends shouted and screamed loudly   he wanted to cry for help
> he had been shot to death   I had expected

1. He didn't make a sound since _____ .

2. He didn't make a sound so that _____ .

3. He didn't make a sound as if _____ .

4. He didn't make a sound while _____ .

5. He didn't make a sound even though _____ .

6. He didn't make a sound as _____ .

2 괄호 안의 표현 중 맞는 것을 고르시오.

1. We canceled the picnic (because/therefore) it rained.

2. We stayed home (even though/as) it was raining hard.

3. Tim is talkative (while/nevertheless) Sam is very quiet.

4. Tim talks (even if/as if) he knew everything.

5. Don't call me (unless/otherwise) there is an emergency.

6. It was (so/such) a cold day there were only a few people in the park.

7. I was there early (so that/for) I could get a front seat.

8. I'm sorry. If I (have/had) money, I (will/would) help you.

9. I didn't know that. If I (did/had), I (wouldn't/wouldn't have said) that.

10. I will take my cell phone with me, in case he (will call/calls).

Writing Tasks

Task 1   Identifying

훈장을 받은 개에 대한 기사입니다. 부사절에 모두 괄호하시오.

A dog was awarded the Rose Medal of Honor yesterday. "We were sleeping so soundly that we didn't know we were in danger," the rescued boy said. "The boat was sinking because the wind threw the boat against a rock and punched a hole in it." Zorro, the smart dog, woke his owners up right before it was too late. "If it had not been for him, we might have all died. Even though we lost our boat, we can hardly thank him enough," the grateful father said.

Task 2   Reading&Writing

화재 기사입니다. 읽고 괄호의 질문에 대답이 되는 부사절을 빈칸에 넣어 본문과 같은 내용의 문장을 만들어 봅시다.

A fire broke out in a hot-spring resort in Springfield yesterday. As there was a strong wind, the fire spread quickly. The firefighters cut down trees around the area so that the fire would not spread to the nearby forest. Although it was hard to control, they completely put it out before dark. If they hadn't, it would have been a disaster. While there were not many casualties, there is a lot of property loss. People have worried about fires since it has been so dry this year. Unless there is rain, there might be more fires.

1 The fire spread quickly _____ . (Why?)

2 The fire fighters removed the trees around the resort _____

_____ . (For what?)

3 _____ , it would have been a big disaster. (Suppose!)

4 The property loss is big, _____ . (Anything otherwise?)

5 There have been worries about fires _____ . (Why?)

6 There might be more fires _____ . (In what case?)

신문기사에서 볼 수 있는 문장들입니다. 주어진 접속사와 문장을 이용해 부사절을 만들어 빈칸에 써 넣으시오.
(필요하면 동사를 변화시키시오.)

접속사	문장
unless	The South is hot and humid.
if	The rain will stop.
even though	He had made many silly mistakes.
as if	The pilot were more careful.
whereas	The holiday season is getting near.
so that	He didn't see the victim.
as	People may use cars less.

1 The football match will be canceled _____ .

2 The president was reelected _____ .

3 The North is freezing, _____ .

4 _____ , the plane crash would not have occurred.

5 The arrested criminal acted _____ .

6 The government raised taxes on oil _____ .

7 _____ , the supermarket sales are increasing.

어느 여교사의 장례식에 대한 지역신문 기사입니다. 잘못된 곳이 있으면 바르게 고치시오. (밑줄 친 부분은 부사절)

Yesterday there was a funeral for Sally Jones, a teacher of our time.
1.Despite it was wet and cold, a lot of people attended the funeral. **2.**She had no children of her own. Since she hadn't been married. **3.**She helped children for too long, however, she was always around children. **4.**Many children wanted to say good-bye to her, it took a long time. **5.**She was wearing a peaceful smile. She looked as she were alive. **6.**She was buried under a tree in her house like she had always wanted. **7.**The city bought her house so they can turn it into a museum. **8.**There will be a Sally Jones' Day if the City Council will approve it.

55

날씨에 대한 기사입니다. 밑줄 친 부분을 부사절로 만들어 영어로 옮겨 봅시다.

1 <u>어젯밤 폭설이 내려서</u> 교통사고가 많이 발생했다. (traffic accident, heavy snow)

2 <u>오늘은 4월 중순인데도,</u> 많은 사람들이 코트를 입고 목도리를 하고 있다.
(mid-April, scarf)

3 <u>기온이 더 떨어지면</u> 감기 환자가 더 많아질 것이다. (temperature, drop, patient)

4 마치 겨울이 다시 찾아온 것 같다. (come back)

5 <u>요즘은 날씨가 너무 변덕이 심해서</u> 사람들은 어떤 옷을 입어야 할지 몰라한다.
(changing, decide)

6 <u>여름에는 우박이 내리는 반면,</u> 겨울에는 홍수가 난다. (hail, flood)

7 <u>사람들이 날씨 변화에 대비할 수 있기 위해서는</u> 일기예보가 좀더 믿을 만해야 한다.
(weather forecast, reliable, prepare for)

8 <u>하지만 우리가 아무리 노력해도</u> 기후 변화 때문에 날씨를 정확히 예측할 수가 없다.
(try hard, predict, accurately, climate change)

9 <u>지구가 건강하다면</u> 이런 기후 변화는 없을 것이다. (healthy)

10 <u>우리가 좀더 현명했더라면</u> 지구를 그렇게 많이 오염시키지 않았을 것이다.
(wise, pollute)

〈Bank〉의 표현들과 부사절을 이용해서 기억에 남는 사건에 대해 지시된 대로 써 봅시다.

1 _____ (그 일은 ~했을 때 일어났다: 사건발생 시점)

2 _____ (그것은 ~했기 때문에 일어났다: 이유/원인)

3 _____ (비록 ~했지만 …는 했다: 예상과 다른 전개)

4 _____ (~은 마치 …인 것처럼 보였다: 비유)

5 _____ (~는 …하기 위해 …했다: 목적에 따른 행동)

6 _____ (~했다면 …했을 것이다: 가정)

7 _____ (~한다면 …일 것이다: 앞으로 가능한 상황 예측)

Task7 **Paragraph Writing**

윗 문장들과 〈Bank〉의 표현들을 이용해서 여러분이 들은 한 사건에 대해 자유롭게 써봅시다.

Bank

시점 when[before/after/while]
~ years old/in ~ grade/at school/in class/in the schoolyard/on a school excursion/on a family vacation/on a field trip/on the way to school/on the way home/in the theater/hanging around with friends/taking a test

이유 since[because/as] ~
there were too many people[cars/things]
it was hot[cold/cloudy/dark/late/crowded/slippery]

목적 so that ~ could[might]…
get/reach/catch/escape from
not get hurt/not fall down/not block/not burn

가정 if ~
there had been no[some]…/it had (not) been…
…had (not) seen[known/heard/crashed/hit/gotten hurt/occurred]

Extra Writing Practice UNITS 5 & 6

1 마을의 어떤 할아버지에 대한 글입니다. 부사절과 주어진 표현을 이용해서 영어로 옮겨 봅시다. (어떤 부사절이 필요하고 우리말의 어느 부분이 부사절에 해당하는지 먼저 파악한 후 시작하세요.)

1 Mr. White는 태어난 이래로 쭉 우리 마을에서 살고 있다. (born)

　　_____

2 그가 태어나자마자 그의 부모는 돌아가셨다. (die)

　　_____

3 그는 마을의 유일한 목수이기 때문에 마을의 모든 집들을 다 수리한다. (carpenter, repair)

　　_____

4 그는 사람이 너무나 좋아서, 아무도 그가 화내는 걸 본 적이 없다. (nice, lose one's temper)

　　_____

5 비록 학교는 많이 못 다녔지만 그는 누구보다 정직하고 현명하다.
　　(go to school, honest, wise)

　　_____

6 그가 없었다면 마을의 집들이 그렇게 튼튼하게 지어지지 않았을 것이다.
　　(if it had not been for)

　　_____

7 그가 없다면 마을의 집들이 지금 그렇게 아름답지 못할 것이다. (if it were not for)

　　_____

8 이제 그는 너무 늙고 약해서 힘든 일은 할 수 없다. (weak, hard work)

　　_____

9 하지만 아이들이 부서진 장난감을 가져오면 그는 언제나 기쁘게 그것을 고쳐 준다.
　　(broken toy, fix)

　　_____

10 다음 달 그가 80세가 될 때, 우리는 그에게 특별한 파티를 열어줄 계획이다. (give a party)

　　_____

2 도난 사건에 대한 신문기사입니다. 부사절과 주어진 표현을 이용해서 영어로 옮겨 봅시다.

1 그 그림이 박물관에서 도난당한 지 한 달이 된다. (painting, steal, museum)

_____

2 경찰이 최선을 다하고 있지만 아직 그림은 되찾아지지 않았다. (do one's best, recover)

_____

3 보안장치가 그렇게 낡지 않았다면, 그런 일은 일어나지 않았을 것이다.
(occur, security system)

_____

4 그 보안장치는 박물관이 털렸을 당시 이미 며칠째 말썽을 일으키고 있던 참이었다.
(cause trouble, break into)

_____

5 도둑들이 그림을 훔치는 동안, 경비들은 TV를 보고 있었다. (security guard)

_____

6 보안장치가 작동을 안 해 그들은 거기에 대해 아무 것도 모르고 있었다. (work)

_____

7 도둑들은 재빠른 반면, 경찰은 턱없이 느렸다. (unbelievably, quick)

_____

8 만약 경찰이 좀더 빨리 움직였더라면, 도둑을 잡았을 수도 있었다. (move, fast, catch)

_____

9 시는 스포츠 센터에는 많은 돈을 쓰면서 박물관에는 거의 안 쓴다. (sports center)

_____

10 우리의 소중한 예술품들이 더 안전해지기 위해서는 시가 박물관에 더 많은 투자를 해야
할 것이다. (make investment, art works, safe)

_____

주장하는 글쓰기

Writing with Grammar : 명사절 Ⅰ

Task 1 Grammar Key Points

What is wrong?
1. He was a millionaire proved to be true.*
2. Everybody wonders that he is so rich.*
3. The question is how did he make such a fortune.*
4. Tell me that you like to do.*

1 *It proved to be true that he was a millionaire.*

'~한다는 것'이라는 뜻의 접속사는 that이다. that절은 명사절로 주어, 목적어, 보어로 쓰인다. (that절이 주어일 때는 It ~ that 구문을 쓰는 것이 보통이다.)

He is rich. (문장) → that he is rich (명사절)
It is true that he is rich. / That he is rich is true. (주어)
I think that he is rich. (목적어)   The point is that he is rich. (보어)

> *It seems that..., It is likely that..., It is said that.., (주어로 쓰인 that절들)

2 **Everybody wonders *if* he is so rich (or not).**

'~인지 아닌지'라는 뜻의 접속사는 whether 또는 if이다. 접속사 that을 쓸 때와 whether/if를 쓸 때를 구분해야 한다. (명사절이 주어일 때는 whether만 쓸 수 있다.)

Is he rich? (문장) → if[whether] he is rich (or not) (명사절)
I think[believe/say...] that...
I ask[wonder/find out...] whether/if절, 의문사절

3 **The question is *how he made such a fortune.***

의문사로 시작되는 명사절은 어순에 주의해야 한다. 의문문일 때 앞으로 나간 동사는 주어 뒤 제자리로 가고 의문사는 접속사 역할을 한다.

Where does he live? (문장) → where he lives (명사절)

4 Tell me *what* you like to do.

'~하는 것'이란 뜻 같아 보여도 that과 what은 다르다. that은 명사절 내에서 아무 역할도 하지 않지만 what은 주어, 목적어 등 역할을 한다. (what=the thing which)

The point is that he likes to do it . (that은 아무 역할이 없음 – 생략 가능)

This is what he likes to do . (what은 do의 목적어 – 생략 불가)

Task 2 Composition

1 TV에 대한 글입니다. 굵은 글씨의 문장을 명사절로 고친 다음 this의 자리에 넣어 한 문장으로 만드시오.

1. *This* is said. **TV makes you only stupid.**

_____

2. But I strongly believe *this*. **TV can be beneficial.**

_____

3. I think *this*. **TV is a good source of information and entertainment.**

_____

4. *This* is certain. **There are a lot of problems with TV programs.**

_____

5. I find *this* true. **Some programs are too violent.**

_____

6. The question is *this*. **Do you have any rules for watching TV?**

_____

2 다이어트에 대한 글입니다. 괄호 안의 표현 중 맞는 것을 고르시오.

1. You ask me (that/whether) you should eat breakfast.

2. It is not a good idea (that/what) you skip breakfast.

3. I wonder (that/if) you can lose weight that way.

4. The point is (that/what) you eat for breakfast.

5. A light but nutritional meal is (that/what) you need.

6. It would be better (that/if) you have some protein in the morning.

7. Calories are not (that/what) matters here.

8. (That/What) is important is (that/what) you take more vitamins and minerals.

9. It is a pity (that/if) little girls go hungry to lose weight.

Writing Tasks

Task 1 Identifying

Computer game에 대한 Kevin의 생각을 쓴 글입니다. 명사절을 찾아 모두 괄호하시오.

It is generally believed that there is nothing good about computer games. Many successfully argue computer games only do children harm. Few mention, however, how important they are to children these days. It may be true that computer games distract young students. But is it possible that children can do without any fun? Just a little fun is what computer games are all about. The point is, I think, whether we make good use of them or not.

Task 2 Reading&Writing

교복(school uniforms)에 대한 Jane의 생각을 쓴 글입니다. 해당 번호의 문장들과 같은 뜻이 되도록 아래 문제의 빈칸을 채우시오.

1. It is a good idea that students wear uniforms at school. 2. The greatest benefit is it makes everyone equal. 3. Students don't have to be judged by what they wear. It also saves them time and money. 4. Teens care a lot about how they look. With school uniforms, however, they will spend less time in front of the mirror or in the shopping mall. 5. Studies show uniforms make students perform better. I don't see why not. 6. Some might say uniforms take away personal freedom. But I do believe they do far more good than harm.

1 She thinks it's desirable _____ .

2 What is best about wearing school uniforms is _____ .

3 Wearing uniforms, they don't need to be judged by _____ .

4 Kids think much of _____ .

5 It is argued in some studies _____ .

6 It can be said _____ .

Task3 Guided Writing

홈스쿨링(Home Schooling)을 찬성하는 어느 학생의 글입니다. 〈보기〉의 문장들을 차례대로 this의 자리에 넣어 두 문장을 하나로 만드시오.

> 보기 School is good for every child.
> What is education all about?
> School is the only place to educate children.
> Why should every child learn the same things?
> Every child is different.
> Every child is treated differently at school.
> Can school do this job properly?

1 I don't think *this* is true. _____

2 First you have to ask *this*. _____

3 *This* is a wrong notion. _____

4 I wonder about *this*. _____

5 I find *this* true. _____

6 *This* makes sense. _____

7 I have strong doubts about *this*. _____

Task4 Editing

습지에 쇼핑몰을 건립하려는 시의 계획에 대한 Kevin의 글입니다. 밑줄 친 부분에서 잘못된 곳이 있으면 바르게 고치시오.

1.It said that they will destroy the swamp for a shopping mall. 2.I agree with that the economy is important. 3.It is for sure that land prices will rise. 4.But I wonder will it make us happy. 5.That worries me is safety. 6.I don't think the town can be safe without the swamp. 7.They don't appreciate that the swamp is doing for us. 8.They don't know what will be the price for the destruction. 9.I wonder that the future will be like. 10.We should talk more what we should and should not do.

Task 5 Sentence Writing

동물의 권리(animal right)에 대한 생각을 쓴 글입니다. 주어진 표현을 이용해서 영어로 옮겨 봅시다. (어느 부분이 명사절이 될지 그 명사절이 문장에서 어떤 역할을 하는지 먼저 생각해 보시오.)

1 인간이 동물을 실험에 사용하는 것은 잘못된 일이다. (wrong, human, experiment)

2 나는 동물들도 우리와 같이 느낌과 생각이 있다고 믿는다. (feeling, thought)

3 나는 그들이 실험실에서 어떤 기분일지 궁금하다. (wonder, laboratory)

4 우리에게 중요한 것은 우리가 그들에게서 뭘 얻을 수 있는가 하는 것뿐이다. (important, get)

5 그들이 뭘 원하는지 우리는 관심이 없다. (interested)

6 하지만 나는 인간이 지구의 유일한 주인인지 묻고 싶다. (only, master, earth)

7 나는 모든 생물체들은 서로를 위해 존재한다고 확신한다. (sure, living creature, exist)

8 내 말은 지구 공동체의 모든 구성원들이 똑같이 중요하다는 것이다. (member, equally, community)

9 많은 사람들이 자기들이 자연의 일부라는 것을 잊고 있다. (part of nature)

10 우리가 지금 하고 있는 일은 우리의 미래를 위해 우리가 하고 있는 일이기도 하다. (future)

Task 6 On Your Own

〈Bank〉의 표현들과 여러분의 생각을 동원하여 환경문제와 관련해서 지시된 대로 써 봅시다.

1 _____ (믿는 사실 하나)

2 _____ (모르고 있었던 사실 하나)

3 _____ (궁금한 사실 하나)

4 _____ (좋은 아이디어 하나)

5 _____ (환경문제의 가장 큰 이유라고 생각되는 것)

6 _____ (환경을 위해 가장 먼저 해야 될 일 하나)

Task 7 Paragraph Writing

윗 문장들과 〈Bank〉의 표현들을 참고로 해서 친구나 가족은 어떻게 생각하는지 조사하여 써 봅시다.

Bank

사실
Every year trees are gone from the area of rainforest as large as Greece.
Every day 50 kinds of plants and animals disappear from the earth.
Recycling a ton of wastepaper can save 15 trees.

질문
How much more oil does the earth have? / How much hotter will the earth get?
What will happen if all the ice cap melts away? / Will the earth have enough food for our children?

의견
People use too much of everything. / People don't know how serious environmental problems are.

제안
We should save energy. / New energy sources should be developed.
We should recycle more waste. / We should use more public transportation.

전달하는 글쓰기

Writing with Grammar : 명사절 II

Task 1 Grammar Key Points

What is wrong?
1. He told that he had a big problem.*
2. He said he didn't see her before.*
3. I suggested that he paid for the damage.*
4. Do you think what he did?*

1 **He *said[told me]* that he had a big problem.**

tell은 뒤에 목적어 없이 혼자 쓰이지 못한다. 전달동사는 전달하는 문장에 따라 달라진다.

"I am sick."	He said[told me] that...	(평서문: say (to me), tell me)
"Where do you live?"	He asked (me) where...	(의문문: ask (me))
"Come over here."	He told me to come...	(명령문: tell me to)

2 **He said he *hadn't seen* her before.**

그 사람이 과거로 말했으면 전달할 때는 과거완료가 된다. (다른 사람의 말을 전달할 때는 말한 사실이 과거가 되므로 명사절의 시제도 한 시제 더 과거로 물러간다.)

"I am sick."	He said he was sick. (현재 → 과거)
"I will[can] be here."	He said he would[could] be there. (조동사 현재 → 과거)
"You were[have been] good."	He said I had been good. (과거/현재완료 → 과거완료)

3 **I suggested that he *pay* for the damage.**

'~해야 한다고 제안[권고/명령/요구]한다'라고 말할 때 '~해야 된다'라는 that절의 동사는 언제나 원형이다. It is ~ that...도 같은 원리이다. (구어체에서는 should를 넣기도 한다.)

I urged[suggested/insisted/required] (that) he be there.
I urged[suggested/insisted/required] (that) he not be there. (부정문: not + 원형동사)

4 *What* do you think he did?

Yes/No가 아닌 정보를 묻는 질문이면 의문사가 맨 앞으로 나간다.

How much do you guess he earned? (의문사 의문문: do you guess는 삽입구 역할)
Do you know how much he earned?   (Yes/No를 묻는 질문: 의문사는 뒤에 남아 있음)

Task2 Composition

1 다음 인용문을 전달하는 문장으로 바꿔 쓰시오.

1. I asked him, "Are you okay?"

_____

2. He said, "I didn't sleep very well last night."

_____

3. I said to him, "Is there anything I can do for you?"

_____

4. He asked, "When are you going to be home?"

_____

5. He asked, "Will you please help me with my homework?"

_____

6. I said, "Come over to my house at 6 this evening."

_____

2 괄호 안의 표현 중 맞는 것을 고르시오.

1. She (said/told) she wanted to talk to me the day before.

2. I (said/asked) what she wanted to talk about.

3. She said she (is going to/was going to) quit school.

4. At first I didn't know (what was she talking about/what she was talking about).

5. Then I remembered she (was/had been) very serious for days.

6. I suggested she (was/be) more cautious.

7. It was important she (don't lose/not lose) too much by doing that.

8. The law requires everyone (finish/finishes) high school.

9. (Do you think what/What do you think) she should do?

Writing Tasks

Task 1 Identifying

어떤 저자와의 인터뷰를 옮긴 글입니다. 모든 명사절에 괄호하시오.

The interview took an hour. Before starting, I congratulated her on the success of her latest book. Then I asked why she wrote the book. She said she wanted to let the world know about the real Africa. She had a lot to say about it. She said Western countries were partly responsible for its tragedy. My next question was how many countries she had been to. She jokingly told me to name any country. I named ten. She said she had been to all of them.

Task 2 Reading&Writing

상을 탄 어느 여가수와 한 달 전에 한 인터뷰입니다. 이를 전달문으로 만들어 아래 빈칸에 넣어 봅시다.
(A: 기자, B: 가수)

A: What is your bad habit?
B: I chew my nails when I am nervous.
A: Did you chew your nails yesterday?
B: Yes. I was very nervous.
A: How long have you been singing?
B: I've been singing for twelve years since my debut.
A: Are you releasing another album?
B: Yes. I've been working on it for months. It will be out next week.

1 I asked _____ .

2 She said _____ .

3 I asked _____ .

4 She said yes, and said _____ .

5 I asked _____ .

6 She said _____ .

7 My last question was _____

Task3 Guided Writing

빈칸에 들어갈 표현을 〈보기〉에서 골라 문장에 맞는 명사절로 만들어 넣으시오.

> **보기** "Every customer should wear a suit and a tie."
> "Where do you want me to take you?"
> "It will be hot and humid tomorrow."
> "Passengers should not move around during take-off and landing."
> "Get out of your car and show me your driver's license."
> "I forgot my homework."
> "What kind of work experience do you have?"

1 The taxi driver asked _____ .

2 The weatherman forecast _____ .

3 The restaurant dress code required _____ .

4 The poor boy excused himself by saying _____ .

5 For a safe flight it was necessary _____ .

6 The police officer told Mr. Kim _____ .

7 The job interviewer asked me _____ .

Task4 Editing

바이올린 선생님(violinist)에게 음악레슨을 처음 받으러 가서 나눈 대화를 옮긴 글입니다. 잘못된 곳이 있으면 바르게 고치시오. (밑줄 친 부분은 명사절)

1. "Do you think <u>what is music?</u>" he asked first. 2. Then he asked <u>that why I want to learn from him</u>. 3. He wanted to know <u>how long I have played the violin</u>. 4. He told <u>I looked too pale</u>. 5. He said <u>it was important I was strong in body and mind</u>. 6. He told to play one of my favorite tunes. 7. I didn't know <u>he liked my playing or not</u>. 8. But he suggested <u>I played with more emotion</u>. 9. I thought <u>he is not going to teach me</u>. 10. But then he asked <u>when is my free time</u>.

Task5 Sentence Writing

처음 만난 어떤 사람과의 대화를 전달하고 있습니다. 명사절과 주어진 표현을 이용해서 영어로 옮겨 봅시다. (우리 말의 어느 부분이 전달되는 문장인지 먼저 파악한 후 동사의 시제에 주의해서 문장을 만듭니다.)

1 그는 내가 전에 자기를 본 적이 있느냐고 물었다. (see, before)

2 그는 내가 무척 친숙하게 보인다고 했다. (familiar)

3 그는 내가 어디 사는지 물었다. (live)

4 그는 내가 LA에 산 적이 있느냐고 물었다.

5 그는 나에게 어느 학교에 다녔냐고 물었다. (go to school)

6 결국 우리는 아무런 공통점이 없다는 것을 확인했다. (confirm, in common)

7 그때 그가 우리 가족 사진을 보여 달라고 했다. (show, family photo)

8 그때서야 나는 그가 왜 나를 본 적이 있다고 생각했는지 알게 되었다.

9 그는 자기가 내 쌍둥이 언니의 옛 친구이며 언니를 찾고 있었다고 했다. (twin, look for)

10 그는 우리 언니를 보러 우리 집을 방문해도 되는지 물었다. (visit)

11 나는 언니에게 물어보라고 했다.

12 나는 언니가 전화하게 그의 전화번호를 달라고 했다. (give, phone number)

〈Bank〉의 표현들을 참고하여 최근에 친구에게서 들은 말들을 전달하는 문장으로 써 봅시다.

1 _____ (~는 …라고 말했다: 친구가 뭔가에 대해 평가한 말)

2 _____ (그(녀)는 나에게 ~하라고 말했다: 여러분에게 지시한 말)

3 _____ (그(녀)는 ~냐고 물었다: 친구가 여러분에게 묻는 질문)

4 _____ (그(녀)는 ~가 …할 거라고 말했다: 친구가 예측한 말)

5 _____ (그(녀)는 ~가 …해야 한다고 제안했다: 제안)

6 _____ (~은 …하는 것이 중요하다: 친구의 생각)

Task7 **Paragraph Writing**

윗 문장들과 〈Bank〉의 표현들을 참고하여 지금까지 살아오면서 가장 인상 깊게 들었던 말들을 옮겨 봅시다.

Bank

평가
The movie[book/teacher/party/show/concert/singer] is[was] great.
The team[player] did[has done/will do] a great[excellent/fine/poor] job.

지시
Don't believe[tell this to/hang around with/go out with]...
Trust[Follow/Stay with/Help/Give it to/Listen to/Look at/Wait for]...

질문
Did you see[read/hear/do/finish]...? / Where[How] did you get[buy/see]...?

예측
...will be angry[disappointed/embarrassed/shocked]
...will be hard[easy/fine/late/absent/fun]

Extra Writing Practice UNITS 7 & 8

1 외모 지상주의에 대한 Pam의 글입니다. 주어진 표현과 명사절을 이용해서 영어로 옮겨 봅시다. (어느 부분이 명사절이 될지 미리 생각해 보고 주어와 동사를 찾아 봅시다.)

1   나는 요즘 사람들이 외모를 너무 중요시한다고 생각한다. (think much of, appearance)

_____

2   어떤 남자는 얼굴을 20번 넘게 고쳤다고 한다. (fix one's face)

_____

3   남에게 어떻게 보이느냐가 그에게는 가장 중요했던 것이다. (others)

_____

4   우리가 다른 사람에게 좋은 모습으로 보여지는 것은 중요하다. (look good)

_____

5   또 우리가 우리 자신을 더 매력있게 만들려고 노력하는 것은 당연한 일이다.
(natural, try to, attractive)

_____

6   하지만 어떤 사람이 잘생겼는지 아닌지가 그 사람의 인상을 다 결정하는 것은 아니다.
(solely decide, impression)

_____

7   인상의 일부는 그 사람이 어떤 생각을 하느냐에서 나온다. (part, come from)

_____

8   행복은 남이 우리를 어떻게 보느냐에 있지 않다. (happiness, lie in)

_____

9   얼굴을 고침으로써 우리가 얼마나 더 행복해질지 나는 모르겠다.

_____

10 중요한 것은 우리가 어떤 사람이고 어떤 생각을 하느냐이다. (matter, think)

_____

2 남자 골프대회에서 우승한 십대 소녀에 대한 글입니다. 주어진 표현과 명사절을 이용해서 영어로 옮겨 봅시다.

1 사람들은 그녀가 너무 어리다고 생각했다. (young)

_____

2 그들은 그녀가 단지 허풍을 치고 있다고 생각했다. (brag)

_____

3 아무도 그녀가 해내리라고는 믿지 않았다. (believe, make it)

_____

4 십대 소녀가 성인 남자들을 이기는 것은 불가능한 일처럼 보였다.
(impossible, teenage girl, beat, men)

_____

5 그러나 그녀는 그 한 경기로 모두가 틀렸다는 것을 증명했다. (prove, wrong)

_____

6 그녀는 그것이 불가능하다고 생각해 본 적이 없다고 말했다. (never)

_____

7 어떤 사람들은 그녀의 에너지가 어디서 나오는지 궁금해했다. (wonder)

_____

8 다른 사람들은 그녀가 어떤 특별 훈련을 받았는지 물었다. (have special training)

_____

9 누군가는 그녀의 엄마에게 그녀를 어떻게 키웠는지 물었다. (raise)

_____

10 이 모든 소란에 그녀는 자기의 가장 큰 적은 자신이었다고 말했다. (fuss, enemy)

_____

여러 가지 편지 쓰기 I

Writing with Grammar : 명사 상당어구(동명사구·부정사구)

Task 1 Grammar Key Points

What is wrong?
1. I paid him extra for clean up the mess.*
2. To change his habits were not easy.*
3. I would like working with you here.*
4. He told to go there at once.*

1 I paid him extra *for cleaning* up the mess.

전치사 뒤에 오는 동사는 반드시 동명사형을 쓴다. 주의할 것은 전치사 to를 부정사의 to와 혼동해서 뒤에 동사원형을 쓰면 안 된다.

> * 주의해야 할 전치사 to: be used *to*, looking forward *to*, object *to*, be opposed *to*
> * used to: '전에는 ~했었다' 라는 뜻의 조동사로 뒤에 동사원형이 옴

2 To change his habits *was* not easy. / It was not easy to change his habits.

모든 명사 상당어구(부정사, 동명사, 명사절)는 단수로 받는다. 부정사구가 주어일 때는 It(가주어) ~ to...를 쓰는 것이 대부분이다.

It is easy for him to do that. 그가 그걸 하는 것은 ~ (부정사의 의미상의 주어: for...)
I appreciate his doing it. 그가 그걸 해준 것을 ~ (동명사의 의미상의 주어: 소유격)

3 I *would like to work* with you here.

would like는 to부정사만이 목적어로 올 수 있다. 동사가 목적어로 올 때 어떤 동사는 to부정사로, 다른 동사는 동명사로 만들어야 한다.

'+동명사' 동사들: enjoy, stop, finish, give up, avoid, mind, keep, suggest
'+to부정사' 동사들: want, hope, wish, decide, expect, promise, ask, afford, seem

4 He *told me to* go there at once.

tell과 같은 동사들은 '~에게 …하도록 하다'라고 to부정사 앞에 상대가 꼭 와야 한다.

'+목적어+to부정사' : tell, order, advise, enable, cause, encourage, allow, require
'+목적어+원형부정사' : 사역동사(let, make, have, help), 인지동사(see, hear, feel, watch)

Task2 Composition

1 〈보기〉에 주어진 표현을 부정사구 또는 동명사구로 만들어 알맞은 곳에 넣으시오. 둘 다 가능할 때는 부정사구로 만드시오.

보기	come over	make noise	sell cars	obey the traffic laws
	talk to you	call me back	play with you	

1. It was nice _____ . Bye.

2. He made a fortune by _____ .

3. Thanks for _____ , and thanks for the flowers.

4. While driving, it is important _____ .

5. Please stop _____ . I can't hear the music.

6. Please ask him _____ as soon as he returns.

7. Thanks for letting me _____ . I enjoyed the match.

2 주어진 문장을 지시된 명사 상당어구로 만들어 넣으시오. (두 개가 주어진 경우는 맞는 것 하나를 골라야 함)

You (should) do (some) exercise.

1. I want _____ . (동명사구/부정사구)

2. No wonder _____ . (명사절)

3. It is important _____ . (부정사구)

4. _____ is what you have to do at once. (동명사구)

5. The doctor told _____ . (동명사구/부정사구)

6. You can lose weight by _____ . (동명사구/부정사구)

7. I expect _____ . (동명사구/부정사구)

8. I'll make _____ . (동명사구/부정사구)

9. You should keep _____ . (동명사구/부정사구)

Writing Tasks

Task 1 Identifying

오랜만에 만난 친구가 보내온 감사편지입니다. 부정사구에 밑줄을 긋고, 동명사구에는 동그라미를, 명사절에는 괄호하시오.

It was great to see you after such a long time. First, I want to thank your mom for having me. I greatly enjoyed being with you and your family. It was kind of your father to fix my camera. He spent a whole day doing it! I don't know how to thank him. I hope you can visit me here in London next time. I look forward to seeing you soon. Bye.

Task 2 Reading&Writing

Jane이 방학이 끝나고 쓴 편지입니다. 읽고 본문의 내용과 같아지도록 아래 빈칸을 채우시오.

Hi, Sumi! How was your summer? Mine was great. For the first time in my life I earned money by working at a restaurant. Standing for a long time was not easy. But it was much harder to smile at angry customers. Making money was not just about money but about learning the real world. It must not be easy for our parents to earn a living. The second half of my summer was for fun. I enjoyed rafting in the Colorado River with my cousins. It's great to have some time away from school, isn't it?

1 She earned money by _____.

2 _____ was harder than standing for a long time.

3 She learned that making money is about _____.

4 Now she has a better understanding of her parents at work.
    She says _____.

5 What she enjoyed with her cousins was _____.

6 As for school holidays, she says _____.

Task 3 Guided Writing

여러 가지 편지에 사용되는 표현들입니다. 괄호 안의 표현을 문장에 맞는 형태로 만들어 넣으시오.
(부정사구/동명사구/명사절)

1 I would like _____ . (invite you to a dinner)

2 Please let me know _____ . (Can you come?)

3 It would be wonderful _____ . (You can come.)

4 We are expecting _____ . (have you in our house)

5 I thank _____ . (You invited me.)

6 We'll be looking forward _____ . (see you then)

7 I'm sorry, but it would be hard _____ . (I am there.)

8 It was great _____ . (see your entire family)

9 I hope _____ . (You will get well soon.)

10 Congratulations on _____ . (Your son got married.)

11 I appreciate _____ . (You helped me out.)

Task 4 Editing

편지에 사용되는 다음 표현들 중 밑줄 친 명사 상당어구에 잘못된 곳이 있으면 고치시오.

1. Thanks <u>to visit me</u> while I was in hospital.

2. I really appreciate <u>you took the time to help me out</u>.

3. I would like <u>inviting you to my daughter's wedding</u>.

4. I really enjoyed <u>to be with you</u>.

5. <u>Stay with you</u> was a lot of fun.

6. It was my honor <u>that work with you</u>.

7. I hope <u>you to come to see me next time</u>.

8. Please let me know <u>that you can come</u>.

9. I would love <u>you drop by my place some time soon</u>.

10. Sorry <u>not being there</u>.

미국인 친구 집에 초대를 받아 간 외국인 학생이 보낸 편지입니다. 명사 상당어구(부정사구, 동명사구, 명사절)와 주어진 표현을 이용해서 영어로 옮겨 봅시다. (어느 부분이 명사 상당어구에 해당하며 또 어떤 구문을 써야 할지 먼저 생각해 보시오.)

1 나를 너희 가족 행사에 초대해 주어서 고맙다. (invite, family gathering)

2 너희 가족과 친구들을 거기서 다 만나 참 좋았어. (great)

3 나는 그토록 따뜻한 환대를 받으리라고는 기대하지 않았었어. (expect, get a warm welcome)

4 그들은 내가 집처럼 편안히 느끼게 해 줬어. (feel at home)

5 나는 그분들이 나를 마음에 들어하셨기를 바래. (hope, like)

6 나는 특히 너의 할머니랑 이야기하는 것이 좋았어. (especially, enjoy, talk with)

7 그분은 참 현명한 분처럼 보였어. (seem, wise)

8 그분은 내게 당신을 가끔 만나러 오라고 말씀하셨어. (tell)

9 다음 주 금요일 너와 너의 가족을 우리 집으로 초대하고 싶어. (my home)

10 너의 할머니께서도 오실 수 있다면 좋겠구나. (nice)

11 올 수 있는지 없는지 최대한 빨리 내게 알려 줘. (let, as soon as possible)

12 너와 너희 가족을 우리 집에서 보게 되기를 고대할게. (look forward to)

Task6 On Your Own

〈Bank〉의 표현들을 참고로 하여 자신에 대해 지시된 대로 써 봅시다.

1 _____ (나는 ~하기를 즐긴다)

2 _____ (나는 …가 ~하는 것을 그만두기를 바란다)

3 _____ (내가 ~하기는 불가능하다)

4 _____ (내가 지금 ~하기에는 너무 늦다)

5 _____ (…는 내가 ~하기를 바란다)

6 _____ (…는 늘 나에게 ~하라고[하지 말라고] 말한다)

7 _____ (…는 나에게 ~하도록 해 주었다)

Task7 Paragraph Writing

윗 문장들과 〈Bank〉의 표현들을 참고로 해서 친구나 가족 중 한 사람에 대해 써 봅시다.

Bank

바람직한 것

win the first place in tests[competitions], go to a prestigious school, get good grades, do well at school, make more friends, go to bed early, speak English well, work hard, do my best, change bad habits, lose weight, care more about others, take exercise, set a goal, do housework, take care of, be patient[polite/respectful/organized/careful/humorous/sensible/reasonable/healthy/strong/positive/independent/proud/wise/brave]

바람직하지 않은 것

sleep late, eat snack at night, complain, meddle with, tell on, gossip, make mistakes, speak ill of, skip meals, make fun of[laugh at], tease, bully, fight, be mean[careless/impatient/lazy/discouraged/scared/timid/silly/shy/jealous]

UNIT 10 여러 가지 편지 쓰기 Ⅱ

Writing with Grammar : 부정사(형용사·부사적 용법)

Task 1 Grammar Key Points

> **What is wrong?**
> 1. Give me a pen. I have nothing to write.*
> 2. He saved money for buying a car.*
> 3. The water is too hot for a baby to drink it.*
> 4. The old man is too weak to treat that way.*

1 Give me a pen. I have nothing to write *with*.

부정사구가 (대)명사를 수식할 때 뒤에 남는 전치사를 빼먹지 않도록 주의한다.

I have a letter to write.   I have paper to write on.

2 He saved money *to buy* a car.

'~하기 위해서(목적)'는 주로 to부정사를 쓴다. (=in order (not) to/so as (not) to)

The knife is for cutting bread.   I bought it to give her for Christmas.

> * 'for+동명사'는 일반적인 용도에만 쓴다.

3 The water is too hot for a baby to drink.

'too A to B'는 'B하기에는 너무 A하다'라고 뒤에서부터 해석하는 것이 바람직하다. '너무 A해서 B 못한다'라고 하면 흔히 이런 실수를 한다.

It is too hot to drink. (too: 형용사/부사 앞에)
= It is so hot that I can't drink it.
It is cool enough to drink. (enough: 형용사/부사 뒤, 명사 앞에)
= It is so cool that I can drink it.

4 The old man is too weak *to be treated* that way.

부정사는 동사가 변형된 것이기 때문에 시제와 태가 있다. 수동태는 'to be+p.p.' 형태를, 주절의 동사보다 앞선 시제라면 완료형 'to have+p.p.'를 쓴다.

He seems[seemed] to be sick. 아픈 것처럼 보인다[보였다]. (일반형: '~하는 것')

He seems[seemed] to have been sick. 아팠던 것처럼 보인다[보였다]. (완료형: '~했던 것')

He seems[seemed] to be hit hard. 심하게 맞는 것처럼 보인다[보였다]. (수동태: '~는 것')

Task2 Composition

1 괄호 안에 주어진 표현을 부정사로 만들어 빈칸에 써 넣으시오. (필요하면 부정사를 수동태로 만들거나 전치사를 추가하시오.)

(talk, eat, do, write)

1. I am hungry. I'd like something _____ .

2. I am busy. I have a lot of things _____ .

3. I was alone on the trip. I had no one _____ .

4. I don't have anything _____ . Fetch me some paper.

(buy some bread, get some fresh air, not lose the game, ask her out)

5. I went to the bakery _____ .

6. John called Mary _____ .

7. He went outside _____ .

8. We practiced hard _____ .

(go out in the dark, elect as the president, touch by a stranger, hear about his sickness)

9. I am so sorry _____ .

10. The candidate is sure _____ .

11. I was embarrassed _____ .

12. I am afraid _____ .

(not wake the baby up, babies drink, an adult sit, carry it alone)

13. The water is too hot _____ .

14. The music is soft enough _____ .

15. She was not too old _____ .

16. The chair is not big enough _____ .

Writing Tasks

Task 1 Identifying

한 운동선수에게 다른 동료가 보내는 e-mail입니다. 부정사구를 찾아 형용사적 용법에는 밑줄을 긋고, 부사적 용법에는 동그라미하시오.

Hi, Steve! How are your tennis lessons going? It's too hot to play outside, isn't it? I have a packed schedule to follow but I have no energy to keep myself going. So I am just relaxing today. Summer is not the best time to run on the track. Tomorrow may be cool enough for me to feel like doing something. I hope you are not too tired to write me. Bye!

Task 2 Reading&Writing

Susan의 엄마 Mrs. Shaw가 친구에게 보내는 사과편지입니다. 읽고 본문의 내용과 같아지도록 아래 빈칸을 부정사구로 채우시오. (괄호 안의 질문에 답이 되도록)

Hi, Debby! Congratulations on your move! You must be excited to have a nice house of your own. I really want to be there to celebrate with you, but there are so many things for me to take care of here. I have a new boss and he is too mean to give me any free time. Sometimes I don't have enough time to drink a cup of coffee! I hope this is only for a few weeks. Otherwise I would be too worn-out to work for him. I am so sorry to miss your house-warming party. But I'm sure I'll be visiting your new home soon. Bye.

1 Debby is sure to be excited _____ . (Why?)

2 Mrs. Shaw wishes to be at Debby's _____ . (For what?)

3 But there is a lot of work _____ . (Which work?)

4 Her new boss is too mean _____ . (How mean?)

5 Sometimes she is too busy _____ . (How busy?)

6 She feels very sorry _____ . (Why?)

첫 번째 문장은 괄호 안의 표현을 형용사적 용법의 부정사구로 만들어 넣고, 두 번째 문장은 too나 enough 중 하나를 사용하여 부사적 용법의 부정사구로 만들어 넣으시오.

1 He is a patient _____ . (I should look after him.)

He is _____ . (weak / move around)

2 I need a high chair _____ . (A baby will sit on the chair.)

He is _____ . (short / sit on a regular chair)

3 We're looking for a man _____ . (He will help us.)

We are _____ . (busy / do this all by ourselves)

4 I have lots of homework _____ . (I have to finish it today.)

I don't have _____ . (time / play with you)

5 Give me a few more minutes _____ . (I can think about it.)

I'm not _____ . (well-informed / to answer it right now)

6 This is the paint _____ . (He will coat the wall with it.)

It is not _____ though. (dark / cover the black spots)

Task 4 **Editing**

Brian에게 친구가 보낸 부탁편지입니다. 밑줄 친 부정사구에서 잘못된 곳이 있으면 바르게 고치시오.

1·Brian, I have <u>a favor to ask of you</u>. 2·I have homework <u>to finish it in a week</u> for my French class. 3·I have <u>too many books for me to read in a week</u>. 4·I have too many tapes <u>to listen</u>. 5·I don't have <u>much time enough to do everything</u>. 6·And my French is <u>so poor to do it alone</u>. 7·It is not something <u>for my parents to help me</u>. 8·I have tried <u>too long to exhaust myself</u>. 9·I know your French is <u>enough good to help me out</u>. 10·Do you think you have time <u>for doing it</u>? 11·I will do my best <u>to not disappoint you</u>.

은퇴를 앞둔 CEO가 직원들에게 보내는 편지입니다. 부정사구와 주어진 표현을 이용해서 영어로 옮겨 봅시다.
(우리말의 어떤 부분이 영어의 부정사구로 표현될지 미리 생각해 봅시다.)

1 이제 작별할 때입니다. (time, say good-bye)

2 나는 너무 늙어서 일을 계속할 수가 없습니다. (continue working)

3 그 동안 여러분은 내가 함께 일한 최고의 동반자들이었습니다. (partner)

4 나는 여러분들을 실망시키지 않으려고 열심히 일했습니다. (disappoint)

5 나는 이런 말을 하게 되어서 자랑스럽습니다. (proud, say this)

6 이제 우리는 세계에 우리 제품을 수출할 만큼 크게 성장했습니다. (grow, export, product)

7 머지않아 세계는 우리의 성취를 보고 놀라게 될 것입니다.
(before long, surprised, achievement)

8 세계는 우리가 따라갈 수 없을 정도로 빨리 변하고 있습니다.
(change, fast, catch up)

9 우리는 뒤떨어지지 않기 위해 공부해야 합니다. (fall behind)

10 지금은 편안히 앉아서 쉴 때가 아닙니다. (sit back, relax)

11 보고 듣고 생각해야 할 많은 것들이 있습니다. (look, listen, think)

12 나는 여러분이 내 말을 이해할 만큼 현명하다고 믿습니다. (believe, wise, understand)

〈Bank〉의 표현들을 참고로 하여 지시된 대로 자신에 대해 써 봅시다.

1 _____ (나는 지금 (~을 위해) ~할 …이 필요하다: 필요한 것)

2 _____ (나는 오늘[어제] ~해서 …했다: 어떤 감정의 원인)

3 _____ (나는 ~하기에는 너무 …하[했]다: 상태)

4 _____ (나는 ~(못)할 만큼 충분히 …하[했]다: 상태)

5 _____ (나는 오늘[어제] ~하기 위해 …했다: 일의 목적)

6 _____ (~은 내가 …하기에는 너무[충분히] …하다: 사람)

7 _____ (~은 내가 …하기에는 너무[그다지] …하지 않다: 과목/관심분야)

Task7 **Paragraph Writing**

윗 문장들과 〈Bank〉의 표현들을 참고로 하여 친구나 가족 중 한 사람에 대해 써 봅시다.

Bank

필요한 것
time, space, money, help, helper, energy, friend, teacher, encouragement, support, care, job, clothes, courage, strength, intelligence, wisdom, knowledge

사람에 대한 평가
intelligent, smart, bright, rich, beautiful, wise, able, trustworthy, reliable, generous, mean, stupid, talkative, timid, reserved, outgoing, quiet, jealous

관심분야
science, biology, chemistry, physics, mathematics, geometry, psychology, geography, geology, literature, jazz, modern ballet, modern art, politics, economy

관심분야에 대한 평가
difficult/easy, interesting/boring, complicated/simple

1 애완동물 기르기에 대한 생각을 쓴 글입니다. 부정사구와 동명사구, 명사절과 주어진 표현을 이용해서 영어로 옮겨 봅시다. (우리말의 어느 부분이 영어의 구와 절이 될지 미리 생각해 보세요.)

1 나는 여기서 애완동물 키우는 것에 대해 쓰려고 한다. (have a pet)

_____

2 어린이들이 애완동물을 키우는 것은 아주 유익하다. (beneficial)

_____

3 애완동물을 보살펴 봄으로써 그들은 책임감과 희생에 대해 배운다.
(care for, responsibility, sacrifice)

_____

4 나는 어린 시절 강아지를 키웠던 경험으로부터 이를 확신한다.
(sure of, childhood experience of, puppy)

_____

5 어린아이가 개를 목욕시키고 먹이는 것은 쉽지 않았다. (give ... a bath, feed)

_____

6 가끔 나는 노느라고 너무 바빠 먹이를 못주기도 했다. (feed)

_____

7 그러나 그 모든 경험이 나에게 사랑이 뭔가를 알게 해 주었다. (let)

_____

8 어떤 사람들은 동물을 가까이 두는 것이 건강에 좋지 않다고 말한다. (healthy, have ~ around)

_____

9 다른 사람들은 대신에 불쌍한 아이들이나 도우라고 당신에게 말할지도 모른다.
(tell, children in need)

_____

10 하지만 그것들은 어린아이가 하고 싶기에는 그다지 재미있거나 손쉽지가 않다.
(exciting, easy, feel like -ing)

_____

2 미국에 유학 간 친구에게서 온 편지입니다. 주어진 표현을 이용해서 영어로 옮겨 봅시다.

1   너의 편지에 답장이 늦어서 미안하다. (answer)

    _____

2   새로운 환경에 적응하는 것이 내게는 쉽지가 않았단다. (get used, environment)

    _____

3   처음에는 학교에 가는 것이 고통이었어. (painful)

    _____

4   강의는 내가 알아듣기에는 너무 빨랐고. (lecture, understand)

    _____

5   이야기할 사람도 없었어. (talk)

    _____

6   나는 내가 원어민과 어울릴 만큼 영어를 잘하지 못한다고 생각했어.
    (well, get along with, native speaker)

    _____

7   그래서 나는 걔네들과 사귀려고도 하지 않았어. (try, make friends with)

    _____

8   사실 나는 아무하고나 잘 말을 틀 만큼 외향적이지도 못해. (outgoing, meet)

    _____

9   나는 먼 타국 땅에 혼자 있다는 게 너무 서러웠어. (sad, alone, far away land)

    _____

10 하지만 엄마에게 전화로 불평하기에는 너무 자존심이 상했어. (proud, complain)

    _____

11 하지만 지금 나는 여기 온 것을 기쁘게 생각해. (happy)

    _____

12 모든 것을 함께 나눌 좋은 친구들이 생겼거든. (share, everything)

    _____

사람·사물 소개하기

Writing with Grammar : 형용사절 I

Task 1 Grammar Key Points

What is wrong?
1. Jane is the girl have blond hair.*
2. I have a friend father is a general.*
3. He is the man I borrowed the money.*
4. These are books most of them have no covers.*

1 **Jane is the girl *who has* blond hair.**

형용사절에서 주격 관계대명사는 생략될 수 없다. (목적격은 생략됨)
(관계대명사가 주어일 때 형용사절의 동사는 선행사의 수에 따른다.)

나를 사랑하는 사람: **the man** who loves me (형용사절의 주어는 관계대명사)
내가 사랑하는 사람: **the man** (who) I love (형용사절의 주어는 I, 관계대명사는 목적격)

2 **I have a friend *whose* father is a general.**

소유격 관계대명사는 눈에 띄지 않아 빼먹거나 잘못 쓰기 쉽다. 선행사가 사람일 때는 whose를, 사물일 때는 of which를 쓴다. (사물에도 whose를 쓰기도 한다.)

I have a friend. His name is Alex. → I have a friend whose name is Alex.
I have a book. The title of the book is *Alex*. → I have a book, the title of which is *Alex*.

3 **He is the man I borrowed the money *from*.**

목적격 관계대명사가 생략되고 전치사만 뒤에 남는다. 관계대명사가 전치사의 목적어일 때 그 전치사를 잊지 않도록 주의한다.

He is the man (whom/who/that) I talked to on the phone.
(관계대명사는 전치사 to의 목적어. 관계대명사 who나 that이 whom을 대신할 수 있다.)
He is the man to whom I talked on the phone.
(전치사가 관계대명사와 함께 앞으로 나간 경우. 이때 who나 that은 쓸 수 없고 whom도 생략할 수 없다.)

4 **These are books most of *which* have no covers.**

두 문장이 연결되었을 때 연결고리가 되는 공통된 단어는 관계사로 바꿔줘야 한다.

Look at the children. Most of them are sick.

→ Look at the children most of whom are sick.

Task 2 Composition

1 Jane이 친구들에 대해 쓰고 있습니다. 각 친구들에 대한 이야기가 한 문장으로 표현되도록 〈보기〉를 참고하여 아래 문장을 완성하시오.

> 보기 Susan is very loyal. I can trust her with my secret.
> Pamela is very intelligent. I get the most useful information from her.
> Laura is funny. She always makes us laugh.
> Amy is very generous. Everybody turns to her for help.
> Kate has rich parents. Their house is the biggest in town.
> Kim is very artistic. You can see her paintings on school walls.

1. Susan is a loyal friend _____ .

2. Pamela is an intelligent friend _____ .

3. Laura is a funny friend _____ .

4. Amy is a generous friend _____ .

5. Kate has rich parents _____ .

6. Kim is an artistic friend _____ .

2 다음 문장에서 한 단어가 꼭 필요하면 넣으시오. (생략할 수 있는 관계대명사는 생략함)

1. A man _____ name was Peter called you.

2. These are the flowers _____ were sent by him.

3. He is the man _____ I invited for dinner today.

4. He is the man with _____ I traveled to Europe.

5. These are the pictures _____ I took in Europe.

6. This is the French book _____ author I admire.

7. It is the book I paid $100 _____ .

8. It is the book, the cover of _____ is beautifully illustrated.

9. It is for the children, half of _____ are disabled.

Writing Tasks

Task 1 Identifying

Coca-Cola에 대한 소개글입니다. 읽고 형용사절을 찾아 모두 괄호하시오.

Coca-Cola was a brown syrup that was made of coca leaves and cola nuts. It was first sold as a medicine that was claimed to cure all kinds of health problems. Now it is a soda pop the world enjoys. Do you know the number of bottles and cans that are sold in the US every year? It's more than 45 billion. The recipe they use to make Coca-Cola is kept secret. The company, which was established in 1899, is now doing business all over the world.

Task 2 Reading&Writing

일본의 원주민 Ainu족에 대한 소개글입니다. 읽고 본문과 같은 뜻이 되도록 아래 빈칸을 채우시오. (형용사절을 포함한 복문을 두 개의 단문으로 나누시오.)

1. The Ainu are the native Japanese, who live on the northen island of Hokkaido. 2. The Ainu, whose hair is wavy and whose skin is light, don't look like other Japanese. 3. As well as seafood, they eat rice and vegetables they grow on their farms. 4. Men hunt brown bears, whose meat they eat and whose skin they sell. 5. They live in houses that are made from a kind of grass. 6. The house has only one room that has a dirt floor with an open fire in the middle. 7. Now there are not many Ainus, most of whom have died of diseases Japanese gave them.

1   The Ainu are native Japanese. _____

2   The Ainu don't look like other Japanese. _____

3   They eat rice and vegetables. _____

4   Men hunt brown bears. _____

5   They live in houses. _____

6   There's only one room in the house. _____

7   There are not many Ainus. _____

여러 종류의 글과 그것을 쓰는 사람들에 대한 내용입니다. 해당되는 표현을 〈보기〉에서 찾아 형용사절로 만들어 빈칸에 써넣으시오. (굵은 글씨는 수식받을 선행사)

> 보기 Most of them come out regularly for certain groups of readers.
> They write for plays.
> You look into it for new words.
> You talk to yourself in it.
> They write for newspapers and magazines.
> It deals with the life of one particular person.
> Their stories are not real.

1 A dictionary is **a reference book** _____ .

2 **Novels,** _____ , are the most popular type of literature.

3 Magazines are **periodicals** _____ .

4 A diary is **a kind of journal** _____ .

5 Playwrights are **those** _____ .

6 **A biography,** _____ , is not fiction.

7 We call **the people** _____ journalists.

Task4 **Editing**

라크로스(Lacrosse)라는 운동경기에 대한 글입니다. 잘못된 곳이 있으면 바르게 고치시오. (밑줄 친 부분은 형용사절)

1.Lacrosse is an unusual sport that are played in a few countries. **2.**It is a summer sport many Canadians enjoy playing. **3.**It was invented by Native Americans, which played it to train themselves. **4.**There were many wars they had to prepare themselves. **5.**It is played in a field, each end has a goal. **6.**Each team has ten players, every one of them has a stick called a crosse. **7.**Players compete for a ball they try to hit it into the net. **8.**It is a small ball and which is passed and caught at a high speed.

영어공부에 대한 Sumi의 사촌 Minsu의 글입니다. 주어진 표현과 형용사절을 이용해서 영어로 옮겨 봅시다. (먼저 형용사절이 있는지, 있다면 어느 부분인지 우리말로 먼저 파악합니다.)

1 영어는 내가 가장 열심히 공부하는 과목이다. (subject, hardest)

2 그것은 내가 가장 잘하는 과목이기도 하다. (be good at)

3 나는 내가 흥미있는 영어 이야기책을 읽는다. (storybook, interested)

4 나는 듣기를 연습할 수 있는 영어 TV 프로그램을 본다. (program, practice listening)

5 영어신문은 내가 가장 유용하다고 생각하는 독해자료이다.
(English newspaper, reading material, useful)

6 나는 도움을 받을 수 있는 영어 선생님이 있다. (get help)

7 나는 벼룩시장에서 1달러에 산 사전을 가지고 있다. (dictionary, flea market)

8 나는 이름이 Linda인 미국인 친구가 있다.

9 Linda는 내가 가끔 e-mail을 주고받는 여학생이다. (schoolgirl, exchange)

10 그녀는 지붕이 초록색인 집에서 산다. (roof, green)

11 그녀는 내게 e-mail을 보냈는데, 그 중 절반은 모르는 단어였던 적도 있다.
(half, new word)

12 나는 보통 2주일에 한 번 그녀에게 e-mail을 보내는데, 그것은 내 최고의 영어공부 시간이다. (every two weeks, time to study)

Task6 On Your Own

⟨Bank⟩의 표현들을 참고로 하여 지시된 대로 자기 자신에 대해 써 봅시다.

1 _____ (~는 나를 가장 많이 …하는 사람이다)

2 _____ (~은 내가 어려서 가장 많이 가지고 놀았던 장난감이다)

3 _____ (~는 내가 한 번도 가본 적이 없는 나라다)

4 _____ (나는 색깔[크기/가격]이 너무 ~한 …을 산 적이 있다)

5 _____ (~는 내 생각에 가장 잘생긴[예쁜] 배우다)

6 _____ (~은 나와 친구들이 가장 많이 이야기하는 것이다: 주제)

7 _____ (나는 아버지가 ~인 친구가 있다: 흔하지 않은 직업)

Task7 Paragraph Writing

윗 문장들과 ⟨Bank⟩의 표현들을 참고하여 친구나 가족에 대해 써 봅시다.

Bank

동사
worry, care about, please, like, admire, envy, praise, speak well[ill] of, hate, hurt, bother, tease, make fun of, laugh at, annoy

장난감
miniature car, Lego building block, sand, clay, doll, dollhouse, stuffed animal, marble, baseball card, toy[water] gun, jigsaw puzzle, board game

화제거리
future career, sports, TV program, TV celebrities, test, college entrance exam, appearance, hairdo, fashion trend, clothing items, shopping, weight problem, diet, dating, extra-curricular activities, private institutes, tutoring, family, personal relationship, school safety, bullying, health problem

직업
professional sports player, CEO, entertainer, movie director, animal trainer, zookeeper, orchestra conductor, circus clown, sailor, inventor, (private) detective, explorer, photographer, traveler, poet

장소 소개하기

Writing with Grammar : 형용사절 II

Task 1 Grammar Key Points

What is wrong?
1. Seoul is a city which you can see many historic sites.*
2. The painting is in a museum where it belongs to.*
3. I met him yesterday when I came back from Paris.*
4. He was a millionaire, that surprised me.*

1 Seoul is a city *where[in which]* you can see many historic sites.

형용사절에서 선행사(a city)가 부사에 속하므로 관계부사를 쓴다. (관계부사: when, where, how, why)

It is a city where you can see palaces. (관계부사: city가 형용사절에서 부사 역할)

(= It is a city (which) you can see places in.(= ...city in which you...) (관계부사= '전치사＋관계대명사')

It is a city which has many palaces. (관계대명사: city가 형용사절에서 주어 역할)

> * 뜻이 뻔한 선행사는 생략한다. (또는 반대로 관계부사를 생략하기도 한다.)
> (the place) where, (the time) when, (the way) how

2 The painting is in a museum *where* it belongs.

'전치사 to +which'는 관계부사 where와 같기 때문에 관계부사와 전치사를 같이 쓰면 안 된다.

It is in a museum <u>where it belongs</u>. (= ... <u>to which it belongs</u>)

It is in a museum <u>(which/that) it belongs to</u>. (전치사가 뒤에 남으면 관계대명사는 생략 가능)

3 I met him yesterday, *when* I came back from Paris.

형용사절에 반드시 쉼표(,)가 들어가야 하는 경우가 있다. 이때는 선행사가 이미 무엇인지 나타나 있어서 형용사절이 보충 설명의 역할만 하는 경우다.

I met him on the day when I came back from Paris.   (the day: 구체적이지 않음)

I met him last Sunday, when I came back from Paris. (last Sunday: 정해진 날)

4 **He is a millionaire, *which* surprised me.**

관계대명사가 앞 문장의 일부 또는 전체를 받아주는 경우 쉼표(,)가 들어가고 which를 쓴다. (계속적 용법 – 이때 해석은 앞에서부터 한다: '~ 그런데 그것은 …')

Task 2 Composition

1 뒷문장을 굵은 글씨 부분을 수식하는 형용사절로 만들어 두 문장을 하나로 만드시오.

1. Greenland is **an island**. There is little green on the island.

   _____

2. I do grocery shopping in **Freeway**. They sell fresh fruit there.

   _____

3. Let's stop at **the hilltop**. We can see a beautiful view from it.

   _____

4. I'll see you on **Sunday**. On the day I'll have more free time.

   _____

5. **The day** was very hot. I chose the day for moving.

   _____

6. There are **three reasons**. I was late for school for the reasons.

   _____

7. This is **the trick**. He fooled me with the trick.

   _____

2 괄호 안의 표현 중 맞는 것을 고르시오.

1. Sweden is a country (which/where) I have never been to.
2. They take a vacation in January, (which/when) business is slow.
3. I was in the Louvre, (which/where) the Mona Lisa belongs.
4. You need an umbrella in London, (which/where) it often rains.
5. The Plaza is the hotel (that/where) he recommended to me.
6. Money is the reason (that/why) he comes to visit me.
7. It is the only reason (that/why) he needs me for.
8. I'm looking for a house (which/where) my father will live.

95

Writing Tasks

Task 1 Identifying

미국 스미소니언 박물관에 대한 안내글입니다. 형용사절에 모두 밑줄을 긋고 관계부사가 들어간 형용사절에는 괄호를 더하시오.

The Smithsonian Institution is the world's largest museum complex that is located in Washington DC. It is called 'the nation's attic', where there are over 100 million valuable items. The institution was established in the 1840s, when James Smithson, a British chemist, left money for the museums. It consists of 14 museums, the most popular of which is the National Air and Space Museum. It is governed by a fund. That's the way they can manage without charging visitors.

Task 2 Reading&Writing

'소금으로 만들어진 호텔'에 대한 글입니다. 각 문장을 형용사절로 연결되기 전의 두 문장으로 나누어 써 보시오.

1.There are many unusual hotels that can be seen nowhere else. 2.In Greenland, there is an ice hotel you can stay in only in winter. 3.In Bolivia there is a salt hotel where everything is made of salt. 4.It is in the middle of a salt desert, across which there are no roads and you need a guide to go there. 5.The hotel was built in the 1990s, when a man named Juan Quesada came up with the idea. 6.He cut big blocks of salt from the desert, where there was once a big lake.

1 There are many unusual hotels, and _____.

2 In Greenland _____, and _____.

3 In Bolivia _____ and _____.

4 _____ and _____.

5 _____ and _____.

6 _____ and _____.

Task3 Guided Writing

브라질에 대한 소개글입니다. 〈보기〉의 문장들이 굵은 글씨의 단어를 수식하도록 순서대로 형용사절을 만들어 빈칸에 넣으시오. (쉼표(,)가 필요하면 추가하시오.)

> **보기**
> The world's largest rain forest is located in the country.
> Portuguese is spoken there.
> The world's most coffee is produced there.
> Its industry depends on the natural resources.
> It won independence from Portugal in 1822.
> It became a republic in that year.
> The military held the power during that time.

1 Brazil is a **country** _____ .

2 It is the only **country** in South America _____ .

3 Many people live on farming in that **country** _____ .

4 It has a huge deposit of **natural resources** _____ .

5 For about 300 years it was a colony of **Portugal** _____ .

6 Then it was ruled by kings until **1889** _____ .

7 It didn't develop much for **the next 100 years** _____ .

Task4 Editing

Sumi가 쓴 알래스카를 소개하는 글입니다. 잘못된 곳이 있으면 바르게 고치시오. (밑줄 친 부분은 형용사절)

1.Alaska is a place <u>two thirds of which is under ice all year round.</u> **2.**But it's not just a cold state <u>where few people live in.</u> **3.**It is a wonderful place <u>where is full of pure nature.</u> **4.**You can see polar bears <u>that roams freely on the snow.</u> **5.**There is a mountain <u>which you can see snow from ancient times.</u> **6.**It is rich in natural resources <u>America depends for the future.</u> **7.**It has an oil field <u>what is believed to be the largest in North America.</u> **8.**It is America's biggest state <u>along the coastline plenty of fish live.</u> **9.**It is the place <u>where Americans want to keep clean for a long time.</u> **10.**Summer is the only season <u>in which the Bering Strait is ice-free.</u>

지구에 대한 글입니다. 형용사절과 주어진 표현을 이용해서 영어로 옮겨 봅시다. (형용사절이 어느 부분에 쓰일지 먼저 생각해 보세요.)

1 지구는 태양의 주위를 도는 9개의 행성 중 하나이다. (planet, move around)

2 아마도 그것은 생물체가 존재하는 유일한 곳일 것이다. (life, exist)

3 지구는 온갖 종류의 장소가 있는 아름다운 행성이다. (all kinds of places)

4 수백만 년에 걸쳐 만들어진 큰 산들이 있다. (mountain, million)

5 세계의 절반 이상의 동식물종이 살고 있는 열대우림 지역도 있다.
(rain forest, species)

6 거대한 땅에 오직 모래만 볼 수 있는 사막도 있다. (sand, huge expanses of land)

7 아마도 생명이 시작되었을 바다도 있다. (life, probably, ocean)

8 인류는 우주를 탐험하고 있고, 그것은 미래를 위한 준비다.
(explore, space, preparation, future)

9 지구상에는 60억 이상의 사람이 살고 있고, 그것은 지구가 비좁다는 것을 뜻한다.
(billion, crowded)

10 언젠가 지구와 같은 아름다운 행성을 발견할 날이 올지도 모른다. (someday, find)

11 보다 발전된 기술을 갖게 될 22세기는 우주의 시대가 될지도 모른다.
(advanced technology, the age of space)

Task6 **On Your Own**

〈Bank〉의 표현들을 참고로 하여 지시된 대로 자기 자신에 대해 써 봅시다.

1 _____ (~은 내가 살고 싶은 도시다)

2 _____ (~은 내가 가본 가장 좋은 곳이다)

3 _____ (~은 내가 태어난 달이다)

4 _____ (~은 내가 가장 피곤한 요일이다)

5 _____ (~은 내가 공부하는 이유다)

6 _____ (~은 내가 가장 많은 통화를 하는 시간대다)

7 _____ (~은 내가 부모님을 기쁘게 하는 방법이다)

Task7 **Paragraph Writing**

윗 문장들과 〈Bank〉의 표현들을 이용하여 친구나 가족에 대해 써 봅시다.

Bank

공부하는 이유
being rich[famous/happy], having fun, enjoying life, happy marriage, having a good job, being an expert, being somebody, being a good person, making a difference in the world

달 January, February, March, April, May, June, July, August, September, October, November, December

요일 Sunday, Monday, Tuesday, Wednesday, Thursday, Friday, Saturday

부모님을 기쁘게 하는 방법
studying hard, getting good grades, being nice to, cleaning, helping with, getting along with brothers[sisters], getting up early, going to bed early, making my own bed, obeying them, eating more vegetables, doing more exercise, being home early, playing less games on computer, watching less TV, making less mess[noise], being less fussy[idling/grumpy]

1 대추야자(date palm)를 소개하는 글입니다. 형용사절과 주어진 표현을 이용해서 영어로 옮겨 봅시다. (어느 부분이 형용사절이 될지 먼저 생각해 보세요.)

1 대추야자는 따뜻한 곳에서 자라는 열대식물이다. (tropical plant)

_____

2 그것은 사람들이 아름다움을 사랑해 온 오래된 식물이다. (beauty)

_____

3 그것은 여러 가지로 이용될 수 있는 아주 유용한 나무이기도 하다. (useful, in many ways)

_____

4 그것은 열매가 사람과 동물의 음식이 되는 중요한 식물이었다. (fruit, feed)

_____

5 시리아인들과 이집트인들은 7천 년 전 그것을 먹은 최초의 사람들이었다. (Syrian, Egyptian)

_____

6 우리는 그들의 건축물들에 남겨진 그림으로부터 이를 알 수 있다. (picture)

_____

7 지역사람들은 잎사귀는 바구니가 되고 목재는 집과 배를 짓는 데 사용되는 이 식물을 소중하게 여긴다. (local people, treasure, basket, wood)

_____

8 2,700종이 넘는 야자나무가 있는데, 대부분은 중동에서 살지 못한다.
(palm, Middle East)

_____

9 그러나 건조한 곳을 좋아하는 대추야자는 그곳에서도 잘 자란다. (dry)

_____

10 박물관에는 수백 년 전 유럽인들과 아랍인들이 남겨놓은 대추야자 그림들이 있다.
(museum, European, Arabian)

_____

2 남극(Antarctica)에 대한 소개글입니다. 형용사절과 주어진 표현을 이용해서 영어로 옮겨 봅시다.

1   남극은 지구에서 다섯 번째로 큰 대륙인데 이곳에는 가장 적은 수의 사람들이 살고 있다.
(fifth largest, continent, small number of)

_____

2   그곳은 대부분이 얼음으로 뒤덮인 신비로운 곳이다. (mysterious)

_____

3   그곳은 지구에서 가장 추운 곳으로서 겨울철 온도가 영하 62℃ 까지 떨어진다.
(winter temperature, drop)

_____

4   그곳은 쿡 선장(Captain Cook)이 최초로 탐험한 1773년까지 세상에 알려지지 않았다.
(explore)

_____

5   그러나 그곳은 지금 많은 나라들이 경쟁하는 장소가 되었다. (compete)

_____

6   지금 남극에는 세계 각국의 과학자들이 연구를 하고 있는 수십 개의 기지가 있다.
(research center, scientist, do research)

_____

7   남극은 순수한 자연이 매력적인 인기있는 관광장소가 되고 있다.
(popular, tourist spot, pristine nature, attractive)

_____

8   지구를 해로운 태양광선으로부터 보호해 주는 남극 상공의 오존층이 파괴되고 있다.
(destroy, ozone layer, protect from, harmful, sunrays)

_____

9   32개국이 남극을 보호하기 위해 서명한 조약이 있다. (treaty, sign)

_____

10   이 조약은 사람들이 갈 수 있는 장소를 제한하고 있다. (limit)

_____

리포트 쓰기

Writing with Grammar : 분사구 I

Task 1 Grammar Key Points

What is wrong?
1. The glass-covering roof allows bright sunlight into the room.*
2. Please answer the followed questions.*
3. The blue whale is the biggest animal that existing on earth.*
4. I have some surprise news. Don't be surprise.*

1 The glass-*covered* roof allows bright sunlight into the room.

현재분사(-ing)는 '~하는/하고 있는'의 능동의 뜻을, 과거분사(-ed)는 '~된/받는'의 수동의 뜻을 갖는다. '유리로 덮인'은 과거분사 covered가 맞는 표현이다.

현재분사			과거분사	
the roof-covering glass (덮는 - 능동)			the glass-covered roof	(덮인 - 수동)
* freezing cold	frying pan	parking lot	moving speech	(현재분사)
frozen water	fried egg	parked car	moved audience	(과거분사)

2 Please answer the *following* questions.

follow(뒤따르다)는 자동사로 과거분사가 형용사로 쓰이지 않는다.

remaining food 남은 음식(remain(남다) - 자동사)　　* *left* food (leave(남기다) - 타동사)
* existing, lasting, happening, blooming, arriving, lying (자동사의 현재분사형)

3 The blue whale is the biggest animal *existing* on earth.

'주격관계대명사+(be)+동사'는 분사로 줄일 수 있다. (형용사절이 분사구가 됨)

the animal that exists on earth / the animal that was caught here (형용사절)
the animal existing on earth　 / the animal caught here (분사구)

4 I have some *surprising* news. Don't be *surprised*.

현재분사와 과거분사를 혼동해 쓰기 쉬운 동사들이 있다. 특히 감정의 동사들은 '∼하게 하다'인데 '∼하다'로 잘못 알고 틀리기 쉽다.

현재분사: ∼하게 하는　　　　　　과거분사: ∼된

surprising/surprised:　The news was surprising.　I was surprised.

> *interesting/interested, tiring/tired, exciting/excited, boring/bored, shocking/shocked, pleasing/pleased, amusing/amused annoying/annoyed, frightening/frightened, terrifying/terrified, amazing/amazed

Task2 Composition

1 괄호 안의 동사를 알맞은 분사 형태로 만드시오. (현재분사/과거분사)

1. There are tiny pieces of _____ (break) glass all over the floor.

2. He broke the record. It was a record- _____ (break) victory.

3. The road is too bumpy. It is not a _____ (pave) road.

4. He will make an _____ (open) speech during the ceremony.

5. The man looks good. He is a good- _____ (look) man.

6. The woman is famous. She is a well- _____ (know) writer.

7. The movie runs for 2 hours. The _____ (run) time is 2 hours.

8. There is some _____ (freeze) yogurt in the freezer.

9. The movie was _____ (bore). The audience looked _____ (bore).

2 밑줄 친 형용사절을 가능하면 분사구로 간단하게 만드시오.

1. Look at the man who is giving a speech.

2. He is an expert who studies wild plants.

3. He is the man who is most talked about these days.

4. The woman who is surrounded by the reporters is his co-worker.

5. She is holding a box that is covered with a glass lid.

6. It contains a plant which blooms only every five years.

7. The plant that originally grows in the rain forest is now grown in his lab.

8. There are many kinds of plants that he is studying.

9. He says the substance that is hidden inside plants is the future of our medicine.

Writing Tasks

Task 1 Identifying

New Year's Day의 풍습에 대한 Brian의 report입니다. 분사구에 모두 밑줄을 긋고 그 중 분사에는 동그라미하시오.

Every culture has its own tradition celebrating New Year's Day. In Western countries, people have parties wishing happiness for the coming year. They also make New Year's promises called resolutions. In Ecuador, people burn dolls filled with old newspapers and light firecrackers. It is a tradition meant to get rid of bad luck from the past year. Other countries have traditions wishing for good luck. People often eat food believed to bring good luck.

Task 2 Reading&Writing

Oil에 대한 report입니다. 본문과 같은 뜻이 되도록 아래 빈칸을 채우시오.

Oil is the most important natural resource supplying half the world's energy. It is not just an energy source. It is also an important material made into our everyday objects such as plastic and fertilizer. It is formed from plants and plankton buried deep in the earth. The early Mesopotamians used oil which had seeped into the earth. But the real oil industry began in 1859 with the first oil well drilled in Pennsylvania. Today the world heavily depends on oil produced in the Middle East. Oil-producing countries have more political power with less and less oil remaining on earth.

1 Oil is an important natural resource _____.

2 It's not just an energy source, but a material _____.

3 It is formed from dead creatures _____.

4 The oil industry began in 1859 with the oil well _____.

5 Now the world depends oil _____.

6 With less and less oil _____ , oil-producing countries have more political power.

Task3 Guided Writing

잠(sleep)에 대해 조사한 report입니다. 〈보기〉의 표현들을 순서대로 분사구문으로 만들어 빈칸에 써 넣으시오. (현재분사/과거분사)

보기	
give our body full rest	spend on sleep
accompany with rapid eye movement	sleep with worries or concerns
look for solutions to their problem	dream during a good night's sleep
take before bedtime	

1 Sleep is an important part of our life, _____ .

2 The average time _____ is 220,000 hours of one's lifetime.

3 There is REM sleep, _____ .

4 People _____ have dreams during this period.

5 Dream can be welcome guests to people _____ .

6 So people _____ may learn better from dreams.

7 Caffeine and alcohol _____ can disturb sound sleeping.

Task4 Editing

지진(earthquake)에 대한 report입니다. 밑줄 친 분사구에 잘못된 곳이 있으면 바르게 고치시오.

1. The earthquake is a disaster <u>causing by the earth's movement</u>. **2.** Of the 6,000 earthquakes <u>occurred in the world every year</u>, only about fifteen cause great damage. **3.** Earthquakes <u>started in the ocean</u>, creates huge sea waves <u>called tsunami</u>. **4.** The waves, <u>rush toward land</u>, destroy everything in their path. **5.** Recently South Asia, <u>hitted by the worst tsunami in decades</u>, lost more than 200,000 lives. **6.** An earthquake <u>measured over 6.5 on the Richter Scale</u> is very destructive. **7.** Those <u>who living in earthquake zones</u> should always be on the alert.

기름 유출 사고(oil spill)에 대한 report입니다. 분사와 분사구를 이용하여 영어로 옮겨 봅시다. (분사와 분사구로 표현될 부분을 미리 찾아봅시다.)

1 많은 나라들이 다른 나라에서 생산된 기름을 사용하고 있다. (use, produce)

2 중동에서 생산되는 기름은 매일 수천 대의 유조선에 의해 운반된다.
(oil, the Middle East, carry, oil tanker)

3 때로 유조선에 의해 운반되는 기름이 바다에 유출된다. (spill)

4 이 유출된 기름은 바다에 사는 많은 생물체들을 해친다. (harm, sea creatures)

5 유조선에 의해 야기된 최악의 기름 유출 사고는 1989년에 일어났다.
(worst, oil spill, cause, happen)

6 알래스카 해안을 뒤덮은 그 유출된 기름은 그 깨끗한 지역을 심각하게 오염시켰다.
(coast of Alaska, pollute, clean area, seriously)

7 기름에 뒤덮인 수십 만 마리의 바다 생물들이 바로 죽었다.
(hundreds of thousands, sea creature, cover, instantly)

8 오염된 작은 조개들을 먹은 큰 물고기들은 나중에 병에 걸렸다. (shellfish, fall ill, later)

9 1991년 걸프전에서 일부러 기름을 방출한 이라크는 역사상 가장 큰 기름 유출 사고를 일으켰다. (let out, on purpose, Gulf War, cause, the biggest)

10 몇몇 곳에서는 물 위에 뜬 기름이 43cm 두께였다. (place, float, thick)

Task6 On Your Own

〈Bank〉의 표현들을 이용해서 분사와 분사구가 들어간 문장을 만들어 봅시다.

1 _____ (나는 ~에 의해[에/된] …을 가지고 있다: 애장품)

2 _____ (~는 나를 가장 …하게 하는 사람이다: 감정)

3 _____ (나는 ~에 의해 …되곤 한다: 감정)

4 _____ (나는 ~까지 …해져야 할 …이 있다: 일/과제)

5 _____ (~은 우리 가족에 의해 가장 많이 쓰이는 가전제품이다)

6 _____ (우리 아버지[어머니]는 ~을 …하는 사람이다: 직업)

Task7 Paragraph Writing

윗 문장들과 〈Bank〉의 표현들을 이용해서 친구나 주변 사람에 대해 써 봅시다.

Bank

애장품
book (write/autograph), painting, photograph (take), sculpture (build), album, letter, clothes (design)

감정
please, amuse, surprise, interest, delight, encourage, discourage, shock, tire, bore, excite, worry, terrify, frighten, irritate, annoy, upset, enrage, disappoint, embarrass, distress, amaze

일
homework (do/finish/turn in), book (read), test (take/prepare for), paper (write/do), report, painting (paint), journal (keep), computer (fix), English words (memorize)

가전제품
computer, refrigerator, stove, air-cleaner, electric fan, air-conditioner, washing machine, microwave oven, toaster, oven, heater, stereo, cassette player, CD player, rice cooker

서평 · 영화평 쓰기

Writing with Grammar : 분사구 II

Task1 Grammar Key Points

What is wrong?
1. Painting red, the house looked like a fire house.*
2. Not cooked very well, I couldn't eat the fish.*
3. Eaten too much last night, I am still feeling sick.*
4. Being fine, we went out for a walk.*

1 *Painted* **red, the house looked like a fire house.**

분사구의 의미상의 주어는 주절의 주어와 일치해야 한다. 여기서 집이 'color된 것'이므로 수동태의 의미를 가진 과거분사를 써야 한다. (부사절을 대신하는 분사구)

The house, painted red, looked like a fire house. (분사구는 주어 뒤에도 옴)
The house looked like a fire house, painted red. (분사구는 문장 끝에도 옴)

2 **Not cooked very well, *the fish was hard to eat*.**

분사구의 의미상의 주어는 fish로 주절의 주어와 일치해야 한다.

3 *Having eaten* **too much last night, I am still feeling sick.**

분사구의 시제가 주절보다 앞설 때 분사구는 완료형(having p.p.)을 쓴다.

eating 먹는 (현재분사 일반형)   eaten 먹히는 (과거분사 일반형)
having eaten 먹었던 (현재분사 완료형)   having been eaten 먹혔던 (과거분사 완료형)

4 **(With) *The weather* being fine, we went out for a walk.**

분사구의 주어가 주절과 다를 때 주어를 따로 써 준다. 이때 분사구의 주어 앞에 with를 쓰면 동시에 일어나는 일임을 강조하게 된다. 분사 being은 생략될 수 있다.

(Being) Happy with the news, Mr. Lee looked back on his life. (형용사구만 남음)
(Being) In his forties, Mr. Lee... (전치사구만 남음)
(Being) A happy father, ... (명사구만 남음: 이때 분사구는 동격구라고 부를 수 있음)
(With) His child (being) born, ... (분사구의 주어를 써줌. being은 생략 가능)

Task2 Composition

1 괄호 안의 표현을 가장 간단한 분사구로 만들어 굵은 글씨의 명사(구)를 수식하는 문장을 만드시오.
(동사는 필요에 따라 현재분사 또는 과거분사로)

1. **I** watched TV. (lie on the sofa)

_____

2. **The girl** is not getting any better. (treat by doctors for a long time)

_____

3. **He** won the Nobel Prize. (be a most successful writer in his time)

_____

4. **Jerry** couldn't answer it. (not understand the question)

_____

5. **No one** would want to quit this job. (pay well for little work)

_____

6. With **all the leaves**, the scenery was beautiful. (already turn red)

_____

7. With **his car**, Mr. Lee took a bus to work. (be in the garage)

_____

2 밑줄 친 절을 분사구로 만들어 문장을 단순화해서 다시 써 보시오.

1. He worked hard all his life, and he earned a lot of money.
2. Although he had not been told the news, he was well aware of it.
3. Because he didn't sleep well last night, he is very tired.
4. When flowers bloomed, he took pictures of mountains and fields.
5. If the weather gets colder, all the plants will die.
6. Since Korea is a small country, it has little natural resources.
7. He laughed while his hands covered his mouth.

Writing Tasks

Task 1 Identifying

〈Anne Frank의 일기〉에 대한 서평입니다. 읽고 분사구와 모든 변형된 분사구에 밑줄을 그으시오.

Written by Anne Frank, the Diary of a Young Girl is a kind of war report. Hiding from the Nazis, she and her family lived in a small space behind a bookcase between 1942 and 1944. A thirteen-year-old girl with few things to do, Anne kept a diary full of life. Having been read throughout the world for decades, her diary is still a beautiful song of life in a savage world.

Task 2 Reading&Writing

영화 '타이타닉(Titanic)'에 대한 Jane의 평입니다. 분사구가 들어있는 각 문장을 분사구로 축약되기 이전의 독립된 두 개의 문장으로 만들어 보시오.

[1.]Highly praised by critics and moviegoers, *the Titanic* is one of the most popular movies in years. There are several points to mention. First, [2.]a love story with a tragic ending, the movie has created a Romeo and Juliet for our time. Second, [3.]a disaster movie with the world's biggest ship sinking into the ocean, it showcases the technology of today's film industry. Third, [4.]set in the early twentieth century, the film serves as a picture book of that time. No matter what, [5.]the director James Cameroon captivated audiences around the world, leaving them a deep impression.

1 *The Titanic* is one of the most popular movies in years and _____ .

2 _____ and it created a Romeo and Juliet for our time.

3 _____ and it showcases the technology of today's film industry.

4 It serves as a picture book of that time as _____ .

5 The director captivated audiences around the world while _____ .

Task3 Guided Writing

〈이솝우화〉에 대한 글입니다. 괄호 안의 표현을 굵은 글씨의 단어를 수식하는 분사구로 만들어 문장을 다시 쓰시오.

1 **Fable writers** deliver heavy messages. (tell simple stories)

_____

2 *Aesop's fables* are still popular. (read for thousands of years)

_____

3 **They** give us valuable lessons. (write in animals' voice)

_____

4 With the **Hare,** Aesop tells us the strongest does not always win.
(lose the race with to the Tortoise)

_____

5 The **Fox** thinks the grapes sour. (fail to reach the grapes)

_____

6 Like **the Fox,** we sometimes deny our failures.
(be not honest enough to admit his weakness)

_____

Task4 Editing

Mark Twain의 〈The Adventure of Tom Sawyer〉에 대한 글입니다. 잘못된 부분이 있으면 바르게 고치시오. (밑줄 친 부분은 분사구)

1·Writing in 1876, *the Adventure of Tom Sawyer* is one of Mark Twain's most successful books. **2·**Having read for more than a century, the book still appeals to today's teens. **3·**Grown up in a small town, Twain put a lot of his childhood memories into the book. **4·**A story of boyhood, Twain created the wonderful character Tom. **5·**Tom, mischievous but good-hearted, he wins over a model boy. **6·**With American humor adding to it, the book is read with a smile. **7·**Excelled at writing dialect, Twain wrote a truly American novel. **8·**Many follow his style, he was the forerunner of the American novel.

Task5 Sentence Writing

어떤 소설책에 대한 글입니다. 분사구와 주어진 표현을 이용해서 영어로 옮겨 봅시다.

1 쉬운 영어로 쓰여져서 그 책은 잘 읽힌다. (plain, well)

2 그 책은 10년 전에 쓰여졌는데, 최근에야 출판되었다. (publish, recently)

3 그 책은 몇 주째 베스트셀러인데 올해의 최고의 소설이 될 전망이다.
   (bestseller, expect, novel)

4 대부분의 독자들이 20~30대여서, 그 책은 신세대 소설로 불린다.
   (reader, twenties and thirties, new age novel)

5 기호와 상징으로 가득 차서, 그 책은 독자들을 흥미진진한 추리의 세계로 끌어들인다.
   (full, sign, symbol, draw, thrilling, mystery)

6 이 책의 웹사이트가 출범했는데, 가입자가 급격히 늘고 있다.
   (website, launch, subscriber, increase, sharply)

7 20세기의 최고의 추리소설인 그 책은 영화로 만들어질 것이다. (mystery)

8 어젯밤에 늦게까지 그 책을 읽었더니, 나는 오늘 종일 머리가 아프다.
   (stay up, headache)

9 그 작가는 지금 40대 초반인데 전세계의 주목을 받고 있다. (early forties, watch)

10 일단 그 책을 읽어 보면, 너도 그가 아주 명석한 사람이라는 걸 알게 될 것이다. (bright)

On Your Own

<Bank>의 표현들을 참고로 하여 지시된 대로 자기 자신에 대해 분사구를 넣어 문장을 만들어 봅시다.

1 _____ (~해서 나는 …(못)한다: 신체조건)

2 _____ (우리 집이 ~해서 나는 …할 수 없다: 환경)

3 _____ (어렸을 때 ~한 적이 있어 나는 지금 …한다: 경험)

4 _____ (지금까지 ~해 와서 나는 지금 …한다: 습관)

5 _____ (부모님이 ~해서 나는 …(못)한다: 상황)

6 _____ (~가 …지만 나는 …할 것이다: 문제가 되는 것)

Task7 **Paragraph Writing**

윗 문장들과 <Bank>의 표현들을 이용하여 주변 사람에 대해 써 봅시다.

Bank

신체조건
tall, thin, skinny, heavy, fat, small, strong, weak, have long[short/thin/thick] legs, have thick[curly/straight] hair, have a round[square/long/big] face, have a big shoulder[build/muscles], poor eyesight[hearing/memory]

경험
fight, break, be sick, live in the country[foreign country], play, travel, transfer school, have friend, have experience in, be interested in

상황
work late, allow, forbid, encourage, urge, insist, force, busy, rich, poor, understanding, caring, supportive, loving, pushy, demanding, controlling

1 황사에 대한 report입니다. 분사구와 주어진 표현을 이용해서 영어로 옮겨 봅시다. (어느 부분이 분사구로 표현될지 미리 괄호를 쳐보세요.)

1 매년 봄마다 한국을 강타하는 황사는 한국인들에게는 이제 더 이상 새로운 것이 아니다.
(yellow sand)

_____

2 황사는 중국의 고비사막에서 시작되어 바람을 타고 한국으로 들어온다.
(Gobi Desert, wind)

_____

3 마른 땅이 늘면서 중국은 매년 더 많은 황사를 만들어내고 있다. (dry land)

_____

4 오염된 중국 상공을 거치기 때문에 황사는 많은 중금속을 실어나른다.
(polluted, carry, heavy metal)

_____

5 건강에 해로운 이 중금속들은 노약자들에게는 치명적일 수 있다.
(harmful, deadly, old and weak people)

_____

6 스스로 가장 큰 피해자인 중국은 지구 온난화를 비난한다.
(biggest victim, blame, global warming)

_____

7 지금까지 충분히 시달려온 다른 나라들은 중국의 지나친 개발을 비난한다.
(suffer, overdevelopment)

_____

8 특별한 해결책이 가까운 장래에 보이지 않으므로, 한국은 계속 황사로 고통받을 것이다.
(special solution, suffer from)

_____

9 밖에서 돌아오면, 반드시 손을 씻고 이를 닦아라. (return, be sure to)

_____

2 한국의 역사를 다룬 책에 대한 글입니다. 분사구와 주어진 표현을 이용해서 영어로 옮겨 봅시다.

1 19세기 말을 배경으로 한 그 책은 당시의 한국을 아주 잘 묘사하고 있다. (set in, portray)

_____

2 강대국들에 둘러싸인 작은 나라 한국은 무기력하기만 했다.
(surround, superpower, helpless)

_____

3 처음에 한국은 외세로부터 자신을 보호하려고 나라 문을 닫았다. (protect, foreign power)

_____

4 강제로 문이 열린 후 한국은 강대국들의 먹잇감이 되었다. (force to, fall prey to)

_____

5 나라를 빼앗긴 후, 백성들은 처참한 생활을 했다. (lose, lead, miserable)

_____

6 나라는 외세에 의해 통치되었지만 그들은 나라 사랑하기를 멈추지 않았다.
(rule, foreign power, stop loving)

_____

7 한 가난한 농부의 이야기인 그 책은 저자가 얼마나 한국을 사랑하는지를 보여 준다.
(poor, farmer, author)

_____

8 몇 년간 한국에 산 적이 있어, 저자는 한국의 문화를 잘 이해한다. (understand, culture)

_____

9 한국에 관심이 많아 저자는 대학에서 한국 역사를 공부했다.
(interested, Korean history, university)

_____

10 그는 지금 한국의 대학에서 강연을 하며 전국을 돌고 있다. (give lectures, on a national tour)

_____

에세이 쓰기

Writing with Grammar : 특수구문(생략 · 도치 · 강조)

Task 1 Grammar Key Points

What is wrong?
1. While cook, Mrs. Lee always listens to the radio.*
2. Never I have seen such a beautiful sight.*
3. On the table a half-eaten apple lies.*
4. It was the book what gave me the idea.*

1 **While *cooking*, Mrs. Lee always listens to the radio.**

부사절의 주어가 주절의 주어와 같으면 부사절의 주어를 생략하고 동사를 간단히 줄일 수 있다. 이때 be동사는 생략하고 일반동사는 분사(-ing/-ed) 형태를 쓴다.

When (he is) at home, he...
As (he was) a boy, he...

2 ***Never have I* seen such a beautiful sight.**

부정의 표현(not, no, hardly, little 등)이 강조되어 문장 앞으로 나가면 뒤따르는 주어와 동사는 도치된다. only, so를 포함한 구문도 마찬가지로 도치를 일으킨다.

Not once was he **here.** (be동사, 조동사가 있으면 주어 앞으로)
So hot was it, **we stayed inside.**
Only yesterday did he **know the truth.** (일반동사는 do가 앞으로)

3 **On the table *lies* a half-eaten apple.**

장소의 부사(구)가 문장 앞으로 강조되어 나가면 뒤따르는 주어와 동사가 도치된다. 이때는 do를 쓰지 않고 동사가 바로 나간다. (주로 '가다, 오다, 있다' 동사들)

Here comes Mary. (←Mary comes here.)
In flew a bird. (←A bird flew in)

4 It was the book *that* gave me the idea.

'It is[was] ~ that...' 구문은 '…한 것은 바로 ~이다[였다]'라는 강조구문으로, It is[was]와 that 사이에 강조되는 말이 들어간다. (강조되는 말이 사람이면 who, 장소면 where, 시간이면 when을 쓰기도 한다.)

I met John in class yesterday.
→It was John that[who] I met in class yesterday. (~한 것은 바로 존이다)
→It was yesterday that[when] I met John in class. (~한 것은 바로 어제다)
→It was in class that[where] I met John yesterday. (~은 바로 수업에서였다)

Task2 Composition

1 굵은 글씨로 쓰여진 절을 가능하면 간단하게 만들어 문장을 다시 쓰시오.

1. **As he was a child,** John was seriously ill.

   _____

2. **If you're in a hurry,** you can leave without me.

   _____

3. **While Mary walks in the park,** she saw a dead bird.

   _____

4. The light turned on **as if it is by magic.**

   _____

2 굵은 글씨 부분을 강조해서 문장 앞으로 내보내어 문장을 다시 쓰시오.

1. He said **not a word** until the meeting ended.

   _____

2. I **never** imagined such a tragic result.

   _____

3. They had seen each other **only once** before the wedding.

   _____

3 다음 문장을 괄호 안에 주어진 표현을 강조하는 It is[was] ~ that... 구문으로 만드시오.

I saw Mary in the bookstore yesterday.

1. _____ (Mary를 강조)

2. _____ (in the bookstore를 강조)

3. _____ (yesterday를 강조)

Writing Tasks

Task 1 Identifying

'자원봉사'에 대한 Tim의 essay입니다. 도치구문에 밑줄을 긋고, 강조구문에는 동그라미를, 생략된 구문에는 괄호를 하시오.

It was last year that I first visited the homeless shelter. Not until then, did I realize how happy I was. There on the dirt were quite a few children rolling and fighting. Even after returning home, the children's eyes didn't leave my mind. Not knowing what to do, however, I just continued my simple routine life. Only when I read about the program in the paper, did the idea strike me. Now every Saturday, I play with the kids there. Little had I dreamed I had so much to give.

Task 2 Reading&Writing

'친구'에 대한 Jane의 글입니다. 각 문장을 지시대로 변형시켜 다시 써 보시오.

1. We **never** realize the true value of something until we don't have it any more. 2. The realization did**n't** come to me **until last month**. 3. My best friend Susan moved out of country **then**. She had always been by my side. 4. **When I was in trouble**, I always reached for her helping hand. 5. **Although we were different like black and white**, we had a lot to share. 6. I was **so used to her presence**, I was almost shocked when she left. 7. The mementoes of our long friendship lie **on my desk**: pictures and presents she gave me.

(memento 추억거리, 기념품)

1 _____ (never를 강조해서 문두로)
2 _____ (not until last month 강조해서 문두로)
3 _____ (It is ~ that 구문 활용, then 강조)
4 _____ (when절을 간단하게)
5 _____ (although절을 간단하게)
6 _____ (굵은 글씨 부분 강조해서 문두로)
7 _____ (굵은 글씨 부분 강조해서 문두로)

Task3 Guided Writing

'걷기'에 대한 Pam의 essay입니다. 밑은 글씨 부분을 지시된 대로 고쳐서 문장을 다시 써 보시오.

1 I keep myself fit **by walking, not by dieting.** (It is ~ that 강조구문으로)

　　_____

2 I skip my walking exercise **only when I can't walk.** (강조해서 문장 앞으로)

　　_____

3 I can **hardly** think of a better exercise than walking. (강조해서 문장 앞으로)

　　_____

4 You need **only shoes and time.** (It is ~ that 강조구문으로)

　　_____

5 Beautiful nature lies **just out of your house** waiting for you. (강조해서 문장 앞으로)

　　_____

6 **While you walk with friends,** you can have a good chat. (간단하게)

　　_____

7 **When you are alone,** you have ample time to think. (간단하게)

　　_____

Task4 Editing

'실수'에 대한 Jane의 글입니다. 잘못된 곳이 있으면 바르게 고치시오.

1.It is mistakes that teaches you how to avoid something bad. **2.**Never you can be good at something without making mistakes. **3.**Not only you have tried something new, but also you got a little better at it. **4.**Only once I have tried skiing. **5.**So many times I fell, I could hardly stand after the short practice. **6.**But it was the one practice that I learned the most about skiing. **7.**When make mistakes, don't feel bad about yourself. **8.**It is the way you see the mistakes what makes a difference.

119

Task5 Sentence Writing

영어일기 쓰기에 대한 essay입니다. 주어진 표현을 이용해서 영어로 옮겨 봅시다. (굵은 글씨는 강조구문으로, 밑줄 친 부분은 생략하여 간단히 쓰시오.)

1 네 영어를 위해서 내가 제안하는 것은 바로 **영어로 일기쓰기**이다.
(write a diary, suggest)

2 **연습을 통해서만** 우리는 영어를 늘릴 수 있다. (through practice, improve)

3 우리는 일상생활 속에서는 **거의** 영어를 안 쓴다. (hardly, daily life)

4 <u>영어로 쓰면서</u> 우리는 영어로 열심히 생각하게 된다. (think hard)

5 우리가 영어를 늘리기 위해 필요한 것은 바로 **영어로 생각하는 그 시간**이다.
(need, improve)

6 **일기에는** 많은 것들이 들어 있다. (many things)

7 **거기에는** 사실들뿐 아니라 우리의 느낌과 생각도 들어 있다.
(fact, as well as, feeling, thought)

8 사람들은 영어가 **너무 어려워서** 영어로 쓰는 것은 거의 불가능하다고 말한다.
(so ~ that, nearly impossible)

9 그러나 정작 우리를 실패하게 하는 것은 **우리의 노력의 부족**이다.
(lack of our efforts, fail)

10 <u>매일 쓰기만 한다면</u> 일기는 우리의 가장 훌륭한 영어 선생님이 되어 줄 것이다.
(best teacher)

다음에 지시된 대로 자기 자신에 대해 써 봅시다. (굵은 글씨 부분은 강조할 부분)

1 _____ (내가 가장 무서워하는 것은 **바로 ~이다**)

2 _____ (내가 가장 많은 자유시간을 보내는 곳은 **바로 ~이다**)

3 _____ (**~에서만** 나는 …할 수 있다)

4 _____ (~은 **너무**…**해서** 나는 …할 수 없다: so ~ that 구문)

5 _____ (내 생전에 **한 번도** 나는 ~해본 적이 없다)

6 _____ (~가 …**할 때만** 나는 …한다)

7 _____ (**내 방에는** ~이 많이 있다)

Task 7 **Paragraph Writing**

윗 문장들과 〈Bank〉의 표현들을 참고하여 주변 사람에 대해 써 봅시다. (도치, 강조, 생략의 표현을 사용할 것)

Bank

무서운 것
snake, war, blood, pain, death, ghost, God, test, teacher, parents

장소
bed, TV, computer, mirror, sofa, kitchen, room, desk, bathroom, mall, department store, movie theater, ballpark, tennis court, in public[private]

행동
speak, sleep, eat, study, read, sing, dance, argue, quarrel, fight, bother, hurt, beat, catch up with

독후감 쓰기

Writing with Grammar : 단어의 활용

Task 1 Grammar Key Points

What is wrong?
1. During your absent, he did a mess job.*
2. The develop of the country threat its neighbors.*
3. The money will help modern the town, which is excite news.*
4. To be well at something, you should practice hardly.*

1 **During your *absence*, he did a *messy* job.**

absent는 형용사, mess는 명사. 형용사의 명사형과 명사의 형용사형을 활용한다.

형용사/명사		명사/형용사	
happy/happiness	true/truth	dirt/dirty	wood/wooden
distant/distance	wise/wisdom	value/valuable	expense/expensive
able/ability	honest/honesty	fame/famous	child/childlike, childish
high/height	moist/moisture	use/useful, useless	nation/national

2 **The *development* of the country *threatens* its neighbors.**

develop는 동사, threat는 명사. 동사의 명사형과 명사의 동사형을 활용한다.

동사/명사		명사/동사	
improve/improvement	arrive/arrival	length/lengthen	courage/encourage
act/activity, action	prove/proof	terror/terrify	power/empower
move /motion	accept/acceptance	material/materialize	
imagine/imagination	paint/painting		
think/thought	deliver/delivery		

3 **The money will help *modernize* the town, which is *exciting* news.**

modern은 형용사, excite는 동사. 형용사의 동사형과 동사의 형용사형을 활용한다.

형용사/동사		동사/형용사	
real/realize	rich/enrich	create/creative	think/thinkable
sweet/sweeten		excite/exciting, excited	differ/different
humid/humidify		vary/various	sleep/asleep

4 **To be *good* at something, you should practice *hard*.**

형용사와 부사를 잘 구분한다. (*The Writing Level 1* 'UNIT 12. 형용사와 부사' 편 참조)

hard/hardly, late/lately, good/well

Task2 Composition

1 앞 문장과 같은 뜻이 되도록 앞 문장 속의 단어를 변형해 문장을 완성하시오.

1. He is a very good cook. He cooks _____ _____ .

2. She is a rare beauty. She is _____ _____ .

3. I rise early. I am a(n) _____ _____ .

4. She speaks English fluently. She is a(n) _____ _____ _____ .

5. He has national fame. He is _____ _____ .

6. She is greatly happy. Her _____ is _____ .

7. It is a greatly important matter. It is a matter of _____ _____ .

8. It is useless. It is of _____ _____ .

9. He drives very carefully. He drives with _____ _____ .

10. He arrived unexpectedly early. His _____ _____ was _____ .

11. The country developed amazingly. The country's _____ was _____ .

12. I suddenly realized the truth. My _____ of the truth was _____ .

13. His English improved greatly. He made _____ _____ in English.

14. He depends on his mother excessively. His _____ on his mother is _____ .

15. Oil prices increased sharply. There was a(n) _____ _____ in oil prices.

16. The oil supply is unbelievably short. There is a(n) _____ _____ of oil .

17. The rope is 20 meters long. The rope is 20 meters in _____ .

18. He gave me courage and power. He _____ and _____ me.

Writing Tasks

Task 1 Identifying

John Steinbeck의 〈The Pearl〉을 읽고 쓴 독후감입니다. 밑줄 친 단어들은 원 단어를 변형해 쓴 것들입니다. 원 단어가 무엇인지 아래에 써 보시오.

> I greatly enjoyed The Pearl by John Steinbeck. His writing style is very natural.
> His preference for a simple way of life was clear. The valuable pearl didn't bring
> the simple people happiness. Instead it made them only miserable. His message
> seems to be clear: "Money isn't everything. Only love is of great importance." I
> liked the book. But his feelings against rich people didn't seem reasonable.

Task 2 Reading&Writing

〈Frankenstein〉을 읽고 쓴 Jane의 독후감입니다. 읽고 아래 문장을 지문과 가장 가까운 뜻이 되도록 바꿔 써 보시오.

> 1.Frankenstein makes you think of a horrible monster. But it is not the name
> of a monster. 2.Frankenstein was an intelligent, curious, hard-working man.
> 3.He created a monster from dead bodies. 4.At first he was very happy
> with his success. 5.He had never expected such a tragic end. At first, his
> creation was ugly but not evil. He just wanted love from people. But people
> just ran away from him. He was lonely. 6.They hated him and he learned to
> hate them. Later he even killed people. The book wants to tell us "Everyone
> needs love. No one starts out bad."

1 Frankenstein gives you a feeling of _____ .

2 But Frankenstein was a man of _____ , _____ , and _____ .

3 The monster was his _____ from dead bodies.

4 At first his _____ was great with his _____ experiment.

5 Contrary to his _____ , however, it ended in _____ .

6 The monster learned _____ from people. He became evil.

Task3 Guided Writing

다음은 어느 학생이 쓴 독후감의 일부입니다. 의미가 크게 달라지지 않도록 밑줄 친 단어의 형태를 바꿔 문장을 다시 완성하시오.

1 This book is a <u>powerful</u> <u>argument</u> against violence.

This book _____ _____ against violence.

2 The writer <u>successfully</u> <u>delivers</u> his message.

The writer's _____ of his message is _____ .

3 The tribe has <u>long</u> been <u>divided</u> and <u>warring</u>.

The tribe has a _____ history of _____ and _____ .

4 Kiku is <u>shockingly</u> <u>involved</u> in <u>various</u> acts of violence.

It is _____ to see Kiku's _____ in a _____ of acts of violence.

5 He <u>strongly</u> <u>believes</u> he is <u>doing</u> the right thing.

He has a _____ _____ in his _____ .

6 He <u>realizes</u> the <u>true</u> nature of the war, but too late.

His _____ of the _____ behind the war comes, but too late.

Task4 Editing

Columbus의 전기를 읽고 쓴 글입니다. 밑줄 친 표현 중 잘못된 것이 있으면 바르게 고치시오. (6번부터는 틀린 곳이 하나 이상임)

1.The book was about Columbus, <u>whose</u> <u>discover</u> <u>changed</u> the world. **2.**It was not only <u>lucky</u> <u>that</u> he <u>discovered</u> America. **3.**From <u>early</u> <u>child</u>, he dreamed of the world <u>beyond</u> the sea. **4.**He <u>firmly</u> <u>believed</u> that he could get to India by <u>sail</u> west. **5.**But he could <u>hardly</u> <u>convince</u> others of his <u>believe</u>. **6.**He was a man of <u>determine</u> : he never gave up <u>find</u> <u>supporters</u>. **7.**During his <u>history</u> voyages, he had many <u>difficults</u> : **8.**he was near <u>dead</u>, with feelings of <u>uncertain</u> and <u>hopeless</u>. **9.**Back in Spain he met <u>jealous</u>, <u>misunderstand</u>, and too much <u>expect</u>. **10.**His <u>achieve</u> was great, but it brought America only <u>greedy</u>, <u>destroy</u> and <u>misery</u>.

기술의 발전에 관한 책을 읽고 쓴 독후감입니다. 주어진 표현을 이용해서 영어로 옮겨 봅시다. (괄호 안의 표현은 필요하면 변형하시오.)

1 이 책은 기술의 발전에 대한 것이다. (develop, technology)

2 기술은 우리의 상상을 넘어서 발전하고 있다. (beyond, imagine)

3 이 책은 기술이 우리에게 이로운가를 묻는다. (benefit)

4 시작 부분에서, 저자는 기술발전에 있어서 역사적으로 중요한 사건들을 나열한다.
(begin, author, list, history, important, event)

5 그런 후 그는 그 기술들이 얼마나 위험하고 치명적일 수 있는지 쓴다. (danger, dead)

6 기술은 인간의 탐욕과 이기심에 의해 이용되어 왔다. (greed, selfish, take advantage of)

7 그러나 인간의 호기심은 늘 새로운 기술의 발전을 가져왔다. (curious, bring about)

8 기술의 발전 덕분에, 인류는 배고픔 없는 풍요를 누리고 있다.
(thanks to, enjoy, affluent, hungry)

9 그러나 지나친 개발은 지구에 여러 병들을 가져다주었다. (overdevelop, bring, earth, ill)

10 우리의 안전과 행복은 어떻게 우리가 기술을 이용하는가에 달려 있다.
(safe, happy, depend on, make use of)

11 나는 전적으로 그에게 동의한다. (total, agree)

Task6 On Your Own

기억에 남는 소설이나 이야기 하나를 정해 독후감을 써 봅시다. 될 수 있으면 다양한 표현을 구사하도록 노력합시다.

1 _____ (그 책은 ~에 관한 것이다: 주제)

2 _____ (주인공은 ~이다: 성격)

3 _____ (그(녀)는 ~한 상황에 있다: 배경)

4 _____ (그(녀)는 ~을 …한다: 도입부)

5 _____ (그(녀)는 ~을 …한다: 전개부/갈등)

6 _____ (그(녀)는 ~을 한다: 결말)

7 _____ (나는 ~라고 생각한다: 내용에 대한 의견)

Task7 Paragraph Writing

윗 문장들과 〈Bank〉의 표현들을 참고하여 다른 책에 대한 독후감을 자유롭게 써 봅시다.

Bank

주제 love, friendship, adventure, growing pain, appearance, money, school life, family life, father[mother]-son[daughter] relationship, sibling rivalry, mystery, crime, death, historical event, scientific issue, social issue, economy, politics, environment, art, music, culture, religion

성격 tough, violent, aggressive, (in)dependent, optimistic, pessimistic, cold, warm-hearted, polite, shy, timid, reserved, easygoing, pleasing, stubborn, impatient, ambitious, jealous, selfish, competitive, imaginative, creative, sociable, friendly, caring, understanding, generous, cunning, sly, critical, sweet, cute, charming, attractive

상황 poor, in want[need] of, in love with, in conflict with, in agony, miserable, desperate, happy, sad, lonely, favored, well-liked, well[ill]-spoken, brokenhearted, hospitalized, rejected, depressed, distressed, dejected, annoyed, ignored, neglected, lost, envied, anxious, hopeful, hopeless, disappointed, embarrassed, left out

1 '피자'에 대한 Brian의 essay입니다. 주어진 표현을 이용해서 영어로 옮겨 봅시다. (굵은 글씨는 강조해서 문장 앞으로 내보낼 것, 괄호 안의 표현은 필요하면 변형하시오.)

1 나는 피자만큼 좋은 음식을 먹어본 적이 **없다**. (good food)

_____

2 피자는 먹기 간편할 **뿐 아니라** 맛있고 영양이 많다. (not only, handy, taste, nutrition)

_____

3 그것은 **너무 향이 강해** 한 번 맛보면 잊을 수가 없다. (spice, forget)

_____

4 **토핑을 바꿈으로써** 당신은 건강에 좋은 피자나 기름기 많은 피자와 같은 다양한 피자를 만들 수 있다. (topping, vary, health, fat)

_____

5 피자를 먹기 시작한 것은 이탈리아인들이었다. (It ~ that 강조구문)

_____

6 피자는 처음에는 이탈리아 농부들의 값싼 음식이었다. (cheap, peasant)

_____

7 한 여왕이 그것을 좋아해 매일 먹기 시작한 후로 그것은 전 이탈리아인이 좋아하는 음식이 되었다. (favor)

_____

8 그러나 피자가 세계적인 음식이 된 것은 **미국에서**였다.
(It ~ that 강조구문, international food)

_____

9 피자는 **2차 대전 후에야** 미국에 알려졌다. (World War II, know)

_____

10 오늘날은 **미국의 모든 학교의 점심 식단에** 피자가 들어 있다. (lunch menu)

_____

2 Willie Morris라는 미국 작가의 essay입니다. 주어진 표현을 이용해서 영어로 옮겨 봅시다. (굵은 글씨는 강조해서 문장 앞으로 내보낼 것, 괄호 안의 표현은 필요하면 변형하시오.)

1   Willie Morris는 남부의 언론인이자 저자요, 편집인이다. (South, journal, author, edit)

_____

2   그는 몇 개의 이름있는 상의 수상자다. (win, renown, award)

_____

3   그는 우정의 중요성에 대해 썼다. (important, friend)

_____

4   "우리의 약점을 보완해 주는 것은 바로 우정이다."라고 그는 썼다.
    (it ~ that강조구문, weak, support)

_____

5   **우정의 중심에는** 의리가 있다." (heart, loyal)

_____

6   "우정은 **의리뿐 아니라 관용과 웃음을** 필요로 한다." (generous, laugh, not only ~ but also...)

_____

7   "옛 친구를 다시 만나는 것은 시간에 의해 중단된 대화를 계속하는 것과 같다."
    (separate, continue, converse, stop)

_____

8   "따뜻함과 지능을 가진 오랜 친구가 있는데 그것은 나의 개다." (warm, intelligent)

_____

9   "우정은 우리의 삶을 진정으로 가치있고 의미있게 만든다." (true, value, mean)

_____

10 나는 그가 우정의 의미를 뛰어나게 잘 표현했다고 생각한다. (express, mean, excellent)

_____

틀리기 쉬운 영작 Point

1 Common Prepositions (흔히 쓰이는 전치사들)

about ~에 관해

above ~ 위에(떨어져서)

across ~을 가로질러

after ~ 후에

against ~에 반하여

along ~을 따라 쭉

among ~ 중에

around ~ 주위에

at ~에

before ~ 전에

behind ~ 뒤에

below ~ 아래

beneath ~ 아래에

beside ~ 옆에

besides ~을 제외하고

between ~ 사이에

beyond ~ 너머에

by ~까지

despite ~에도 불구하고

down ~ 아래로

during ~ 동안(사건)

for ~ 동안(기간)

from ~으로부터

in ~ 안에

into ~ 안으로

like ~같이

near ~ 가까이에

of ~의

off ~을 벗어나

on ~ 위에(접촉)

out ~ 밖에

over ~ 위에(떨어져서)

since ~ 이래

through ~을 통(과)해서

throughout ~ 내내

till ~까지

to ~로

toward(s) ~을 향해

under ~ 아래에

until ~까지(시간)

up ~ 위로

upon ~ 위에(접촉)

with ~을 가지고

within ~ (이)내에

without ~없이

2 Common Phrasal Verbs (숙어적으로 쓰이는 '동사+전치사')

on/off:

call on/off	방문하다/취소하다 (=visit/cancel)
keep on/off	계속하다/못하게 하다 (=continue/refrain from going on)
put on/take off	(옷 등을) 입다/벗다
put off	연기하다 (=postpone)

in/out:

hand[turn/give] in/out	제출하다/나눠주다 (=submit/distribute)
give in	항복하다 (=surrender)
make out	이해하다 (=understand)
pass out	분배하다; 기절하다 (=distribute; faint)
pick out	선택하다 (=select)
put out	(불을) 끄다 (=extinguish)

up/down:

bring up	기르다; (주제를) 제기하다 (=raise a child[subject])
call up	전화하다 (=telephone)
come up	(일 등이) 일어나다 (=arise)
get up	(잠자리에서) 일어나다
give up	포기하다 (=relinquish)
hand down	물려주다 (=transmit)
hold up/down	강탈하다/억누르다 (=rob/suppress)
make up	만들어내다; 화해하다 (=invent; become reconciled)
pick up	줍다; 데리러 가다 (=come to get)
show[turn] up	나타나다 (=appear)
take up	고려하다, 논의하다 (=consider, discuss)
turn up/down	(소리 등을) 높이다/낮추다
turn down	거절하다 (=reject)

over:

get over	(병에서) 회복하다 (=recover)
go over	복습하다, 점검하다 (=review)
run over	차로 치다 (=hit by car)
take over	(일 등을) 떠맡다

across:	come[run] across	우연히 마주치다 (=encounter)
after:	look after	돌보다 (=take care of)
	take after	닮다 (=resemble)
about:	bring about	야기하다 (=cause)
without:	do without	~없이 살다

* 주의

이들 phrasal verb의 목적어가 대명사일 때 그 대명사 목적어는 반드시 동사와 전치사 사이에 들어가야 한다.

Turn the TV on. (○) Turn on the TV. (○)

Turn it on. (○) Turn on it. (×)

3 Common Expressions with Common Verbs (흔히 쓰이는 동사를 이용한 숙어적 표현들)

make: a(n) mistake[appointment/agreement/mess/difference]
            실수하다/약속을 정하다/합의하다/어지르다/효과를 내다
            progress[improvements/efforts]
            진보하다/좋아지다/노력하다
            friends[the bed]
            친구를 사귀다/잠자리를 정돈하다

take: a trip[look (at)/shower/bath/picture/nap/test]
            여행하다/보다/샤워하다/목욕하다/사진 찍다/낮잠 자다/시험 보다
            care (of)/sides/turns
            돌보다/편들다/차례로 하다

give: a speech[ride/hand/kiss]
            연설하다/(차 등을) 태워 주다/도와주다/키스하다
            something a try
            시도하다

do: the dishes[the wash/the laundry/shopping/one's hair]
            설거지하다/빨래하다/빨래하다/쇼핑하다/머리를 손질하다
            someone a favor[good/harm]
            ～에게 호의를 베풀다/～를 이롭게 하다/해롭게 하다

have: a good[hard] time/fun
            즐거운[힘든] 시간을 보내다/즐겁게 놀다
            a(n) argument[fight/word/meal]
            논쟁하다/싸우다/이야기하다/식사하다

say: prayers[hi/hello/good-bye]
            기도하다/(만나서) 인사하다/(헤어질 때) 인사하다

tell: a lie[the truth]
            거짓말하다/사실을 말하다

4 문법이 아닌 영어적 사고가 필요한 표현들

It depends (on weather).	그것은 상황[날씨]에 달렸다.
It hurts.	아프다.
It works.	그것은 효과가 있다.
It paid off.	그것은 보람이 있었다.
It counts.	그것은 중요하다.
It matters (to me)./It doesn't matter.	그것은 (내게) 중요하다/중요하지 않다.
I got it.	알았다.
You bet.	틀림없이 그럴 거야.
You got me.	내가 너한테 당했다.
I mean it.	나 진담이야.
I don't buy it.	난 그렇게 생각하지 않는다.
I won't have it.	나는 그걸 받아들이지 않을 거다.
It has nothing[something/everything] to do with me.	
	그건 나랑 아무 관계가 없다/조금/전적으로 관계가 있다.
That makes sense (to me).	그건 (나에게) 일리가 있다.
That makes two of us.	우리 둘은 같은 생각이다.
It's up to you.	그건 네 맘이다.
That will do.	그거면 됐다.
You can count on me.	나를 믿어도 된다.
An idea struck[occurred to] me. /	생각이 떠올랐다.
It came across my mind. /	
It dawned on me. /	
I hit upon an idea. /	
I came up with an idea.	
Take it easy. / Don't take it seriously.	편히 생각해. / 심각하게 받아들이지 마.

* turn the back on me 내게 등을 돌리다   turn a blind eye to me 나를 못 본 척하다
  keep an eye on me 나를 주시하다   have cold feet 겁먹다
  have a long face 우울한 얼굴을 하고 있다

5 외워 두면 유익한 명사절들

이 표현들을 외워 두고 주어와 목적어, 그리고 동사의 시제를 바꿔가며 응용하면 많은 다양한 표현이 가능하다.

This is what I want.	이것이 내가 원하는 것이다.
This is what I think.	이것이 내가 생각하는 것이다.
This is what it is[was/is going to be] like.	이것이 그것의 현재[과거/미래] 상황이다.
This is what I am [was/used to be/will be].	이것이 나의 현재[과거/미래] 모습이다.

This is what I mean (by that).	이것이 내가 뜻하는 것이다. (이게 내 말이다.)
This is what they call it.	이것이 그들이 부르는 이름이다.
This is what it takes.	이것이 그 일이 필요로 하는 것이다. (바로 이게 필요하단다.)
This is what really happened.	이것은 실제로 일어난 일이다.

This is what I think is true.	이것은 내 생각에 사실인 일이다.
This is what no one would believe.	이것은 아무도 믿지 않을 일이다.
This is how it turned out (to be).	이것은 그것이 밝혀진 바이다. (일이 이렇게 되었단다.)
This is what has become of him.	이것이 그가 변한 모습이다. (그가 이렇게 변했단다.)

This is how it is supposed to be.	이것이 그것의 마땅한 모습이다. (그건 이래야만 해.)
This is how it goes.	이것이 그것이 되어가는 모습이다. (이렇게 되어가는 거야.)
This is where it belongs.	이것은 그것이 속한 곳이다. (여기가 그게 있을 곳이야.)
This is what it is to be a mother.	이것이 엄마의 모습(역할)이다. (엄마란 그런 거야.)

Tell me what's going on here.	무슨 일이 일어나고 있는지 말해 줘.
Tell me who your boss is.	누가 네 상사인지 말해 줘.
Tell me who you work for.	네가 누굴 위해 일하는지 말해 줘.
Tell me what you are talking about.	네가 무슨 이야기를 하고 있는지 말해 줘.
Tell me what this is all about.	이게 다 무엇에 대한 건지 말해 줘.

The
best preparation for

Writing
Miran Hong

정답 및 해석

Level 2

The more various language structures are presented,
The better language awareness is improved.

The More The Better

NEXUS

정답 및 해석

문장의 구성 요소 : 단어·구·절

Exercise 1

1. Pygmies, forest, Africa
2. They, who
3. When
4. know, can, tell, are, eat

해석

1. 피그미인들은 아프리카의 숲에서 산다.
2. 그들은 세계에서 살고 있는 가장 작은 민족이다.
3. 피그미인들이 부러진 나뭇가지를 보면 어떤 동물이 왔다 갔는지 안다.
4. 피그미인들은 식물에 대해 잘 안다. 그들은 어떤 것이 먹기 좋은지 분간할 수 있다.

Exercise 2

1. 부사구
2. 형용사구 (center를 수식)
3. 부사구 (형용사 careful을 수식)
4. 부사구 (동사 push를 수식)
5. 명사구 (is의 보어)
6. 형용사구
7. 부사구

해석

1. 봉지에서 비닐포장을 벗기세요.
2. 이제 그것을 전자레인지 한가운데에 놓으세요.
3. 봉지에 구멍이 나지 않게 조심하세요.
4. 다음에 타이머를 맞추고 시작 버튼을 누르세요.
5. 마지막 단계는 전자레인지에서 봉지를 꺼내는 것입니다.
6. 봉지를 잘 흔든 다음 봉투를 여세요. 이제 먹을 시간입니다.
7. 하지만 잠시 기다리세요! 너무 뜨거우니 바로 먹지 마세요.

Exercise 3

1. 형용사절 (a Canadian town을 수식)
2. 명사절 (주어로 쓰임)
3. 형용사절 (Hudson Bay를 수식)
4. 명사절 (주어로 쓰임)
5. 형용사절 (food를 수식)
6. 형용사절 (animals를 수식)
7. 부사절 (이유)
8. 부사절 (시간)

해석

1. 처칠은 북극곰의 수도라고 불리우는 캐나다의 마을이다.
2. 가을에는 북극곰들이 마을을 배회하는 것을 보는 것이 드문 광경이 아니다.
3. 그들은 사냥하고 새끼를 낳는 허드슨만으로 가는 중이다.
4. 몇몇 곰들이 마을에 머물기로 선택하는 것은 놀랄 일이 아니다.
5. 그들은 자기들이 좋아하는 음식을 마을 쓰레기더미에서 많이 찾을 수 있다.
6. 그들은 무게가 1,600파운드 이상 나가기도 하는 큰 동물이다.

UNIT 01 설명문 쓰기

Writing with Grammar : 수동태 II

Task 2 Composition

1
1. *The Time Machine* was written by Jule Verne.
2. I have been told the news by Jenny.
3. My dog was run over by the truck.
4. The paper has been worked on for weeks (by them).
5. Our plants will be taken care of by Ms. Fran while we're away.
6. The baby had been left alone all day (by them).
7. The job must be done right away (by you).

2
1. heard (←listen은 to가 필요)
2. has been (since는 현재완료와 함께 쓰임)
3. is being run (수동태진행형은 be being p.p.)
4. followed (←stare는 at이 필요)
5. to stay (←tell them to stay)
6. given (←rob은 be robbed of가 되어야 함)

해석

1
1. 「타임머신」은 쥘 베른에 의해 쓰여졌다.
2. 나는 그 소식을 제니로부터 들었다.
3. 내 개는 그 트럭에 치였다.
4. 그 논문은 몇 주째 작업 중이다.
5. 우리 화초는 우리가 떠나있는 동안 프랜 씨에 의해 보살펴질 것이다.
6. 그 아기는 하루 종일 혼자 남겨졌었다.
7. 그 일은 바로 지금 끝나야 한다.

2
1. 그 노래는 수십 년 동안 애청되어 왔다.
2. 그 약은 1990년 이래로 지금까지 사용되고 있다.
3. 그 음악가게는 나이든 가수가 운영한다.
4. 어떤 낯선 사람이 날 따라오고 있는 것 같다.
5. 그들은 코치에게서 남아 있으라는 명령을 받았다.
6. 그들에게 방 안에 있는 모든 것이 주어졌다.

Writing Tasks

Task 1 Identifying

Nobel Prizes <u>were founded</u> (과거) by a Swedish

inventor Alfred Nobel. He wanted to help scientists, artists, and other good people with his money. After his death, his money was placed (과거) in a bank, and the interest from the money has been used (현재완료) as cash prizes. Every year six outstanding individuals or groups are being given (현재진행) this great honor.

해석

노벨상은 스웨덴의 발명가 알프레드 노벨에 의해 창설되었다. 그는 자신의 돈으로 과학자와 예술가, 그리고 다른 훌륭한 사람들을 돕기를 원했다. 사후에 그의 돈은 은행에 예치되었고 그 돈으로부터 나온 이자는 상금으로 사용되어 왔다. 매년 여섯 명의 뛰어난 개인이나 단체에게 이 대단한 영광이 주어지고 있다.

Task2 Reading&Writing

1. It was first made in 1946.
2. Yes, there is some progress being made somewhere in the world.
3. It can do 2 trillion operations in just one second.
4. It is being used in every walk of life: in weather forecasts, nuclear experiments, and space exploration.
5. It is seen in the life of ordinary people.
6. The ordinary people are connected with one another all over the world.
7. Possibly it will be shaped by the development of the computer.

해석

컴퓨터는 1946년에 처음 만들어졌다. 그것은 그때 이래로 많은 혁신을 거쳤다. 진보는 훨씬 더 빠른 속도로 이루어지고 있다. 이제 세계의 가장 빠른 슈퍼컴퓨터는 단 1초에 2조 개의 연산을 할 수 있다. 슈퍼컴퓨터는 생활의 모든 부분에서 사용되고 있다. 일기예보, 핵실험, 그리고 우주탐험 등. 그러나 더 중요한 변화는 보통 사람들의 삶에서 나타난다. 그들은 전세계에 걸쳐 서로 연결되어 있다. 지구촌 사회가 탄생한 것이다. 아마도 미래세계는 컴퓨터의 발전에 의해 형성되어질 것이다.

1. 최초의 컴퓨터는 언제 만들어졌나?
2. 바로 지금 어떤 진보가 이루어지고 있나?
3. 슈퍼컴퓨터는 얼마나 빠른가?
4. 슈퍼컴퓨터는 어디에 쓰이고 있나?
5. 어디에서 더 중요한 변화가 목격되고 있나?
6. 그것은 어떤 변화인가?
7. 우리의 미래는 무엇에 의해 만들어질까?

Task3 Guided Writing

1. The Mona Lisa was painted by Leonardo Da Vinci from 1503 to 1506.

2. He had been asked to paint a portrait of his wife by an Italian businessman.
3. The world's most valuable painting is now being kept by the Louvre.
4. It had once been stolen and hidden for two years before it was found.
5. Since then it has been taken extra care of by the museum.
6. Visitors are not allowed to get close to it.
7. In 1962, it was insured for 100 million dollars for an exhibition in the US.

해석

1. 모나리자는 레오나르도 다빈치에 의해 1503년부터 1506년까지 그려졌다.
2. 그는 한 이탈리아인 사업가에게서 자기 아내를 그려 달라고 부탁받았다.
3. 세계에서 가장 값비싼 그 그림은 지금 루브르 박물관에 의해 소장되고 있다.
4. 그것은 한때 도난당해 2년간 숨겨져 있다가 발견되었다.
5. 그때 이래로 그것은 박물관에 의해 특별한 보호를 받고 있다.
6. 방문객들은 그것에 가까이 가는 것이 허락되지 않는다.
7. 1962년에 그것은 미국에서의 전시를 위해 1억 달러짜리 보험에 들어지기도 했다.

Task4 Editing

1. started → was started
2. was first made by → was first made of
3. had been become → had become
4. were produced → have been produced
5. are producing → are being produced
6. is believed as → is believed to be
7. are still talked → are still talked about
8. is played → are played with
9. are encourage to play → are encouraged to play

해석

[1.]레고 회사는 1932년 덴마크의 목수에 의해 시작되었다. [2.]레고 장난감은 처음에 플라스틱이 아닌 나무로 만들어졌다. [3.]1970년대에 이르자 그것은 세계에서 가장 사랑받는 장난감이 되어 있었다. [4.]지금까지 3천억 개가 넘는 레고 조립 벽돌이 생산되었다. [5.]지금은 1,700가지가 넘는 다양한 모양의 벽돌이 생산되고 있다. [6.]그것은 아주 교육적인 장난감으로 여겨지고 있다. [7.]그것의 장점들은 부모들과 교사들 사이에서 아직도 많이 이야기된다. [8.]전세계의 유치원과 가정에서 그것을 가지고 논다. [9.]아이들은 그것을 가지고 놀도록 장려된다.

Task5 Sentence Writing

1. Today the bicycle is (being) widely used as a form of public transportation. (진행형도 가능)
2. It was first shown to the public in the late 18th century.

3. At first it was not thought to be safe or comfortable.
4. But it has been improved by many creative people.
5. Now the bicycle is being used a lot for exercise.
6. It is being made lighter, faster, and stronger.
7. City people are encouraged to ride the bicycle by the government.
8. Cycling is expected to become more popular.
9. More bicycle trails will be built in the future.
10. Then city people may suffer less from dirty air.

Task6 On Your Own

1. Our family car has been used for _____ .
2. It was last washed in _____ .
3. It was paid _____ for.
4. It has (not) been hit _____ times.
5. It is being driven by _____ . /
   It is being parked in _____ .
6. It is mostly taken care of by _____ .
7. It will be replaced in _____ .
8. It is equipped with _____ .

Bank

동사
사용하다, 씻다, 지불하다, 충돌하다(hit, crash), 운전하다, 주차하다, ~을 돌보다, 교체하다, 장착하다

장치들
(최신) 안티브레이크 시스템, 에어백, CD 플레이어, 에어컨, 자동[수동]기어, 선루프, 우수한[안 좋은] 스테레오 시설, 인공위성 이용 자동 항법장치, LCD 컴퓨터, 방탄 유리창

UNIT 02 기행문 쓰기

Writing with Grammar : 전치사구

Task2 Composition

1
1. d   2. d   3. b
4. c (during은 사건, for는 기간. a의 about의 경우 다음의 for가 생략될 수 있음)
5. d   6. a (by car)

2
1. The picnic on Friday was delayed because of rain.
2. I bought the book under the table in the bookstore in the mall.
3. A man with a mustache came to see you at 3 o'clock.
4. He graduated from a university in Florida in 1990.
5. The children from other states will gather here for a campfire.
6. In spite of rain no one in the stadium left.

해석

1
1. 그 탁자 위에[아래에/옆에] 있는 책은 사전이다.
2. 그 가격 때문에[에도 불구하고/덕분에] 그 책은 잘 팔린다.
3. 나는 3시에[까지] 여기 올게[있을게].
4. 나는 [약] 한 시간 동안[후에] 여기 있었다[왔다].
5. 너는 그에 대해[걔한테서 소식/걔와 함께 그걸] 들었니?
6. 나는 존과 함께 움직이겠다[여기를 벗어나겠다/마을을 가로질러 가겠다].

2
1. 금요일 소풍은 비 때문에 연기되었다.
2. 나는 쇼핑몰에 있는 서점에서 탁자 밑에 있는 책을 샀다.
3. 콧수염을 기른 한 남자가 3시에 너를 만나러 왔다.
4. 그는 1990년에 플로리다에 있는 대학교를 졸업했다.
5. 다른 나라[주]에서 온 아이들은 캠프파이어를 하러 모일 것이다.
6. 비에도 불구하고 아무도 경기장을 떠나지 않았다.

Writing Tasks

Task1 Identifying

Taj Mahal is the most famous building in India. It is made of white marble and covered by a white round roof. There is a river running beside the north wall, and another small river running through a beautiful garden inside the building. It was built by King Shah Jahan, in the 1600s for his dead wife, Mumtaz Mahal. Later he died and was buried next to his wife. I could feel of his wife from every corner of it.

해석

타지마할은 인도에서 가장 유명한 건물이다. 그것은 흰 대리석으로 만들어졌고 흰색의 둥근 지붕으로 덮여 있다. 북쪽 벽 옆에는 강이 흐르고, 또 다른 작은 강이 건물 안에 있는 아름다운 정원 사이를 흐르고 있다. 그것은 1600년대에 샤 자한 왕에 의해 자신의 죽은 아내 뭄타즈 마할을 위해 지어졌다. 나중에 그는 죽어서 자기 아내 옆에 묻혔다. 나는 구석구석에서 그의 사랑을 느낄 수 있었다.

Task2 Reading&Writing

1. It is a sculpture with the body of a lion and the head of a man.
2. The Great Sphinx of Giza in Egypt is the greatest of all.
3. It comes from an ancient Greek word.
4. It was a demon with the body of a lion and the head of a woman.
5. "Which animal goes on four feet in the morning, on two at noon, and on three in the evening?"
6. It was solved by Oedipus, the Greek king.

해석

스핑크스는 사자의 몸과 사람의 머리를 가진 조각상이다. 모든 스핑크스 중 가장 큰 것은 이집트 기자의 대 스핑크스다. 스핑크스라는 이름은 고대 그리스 단어에서 나왔다. 그리스 전설에 의하면 스핑크스는 사자의 몸과 여자의 머리를 가진 악마였다. 그녀는 길가에 앉아 지나가는 사람들에게 수수께끼를 물었다. "어떤 동물이 아침에는 네 발로 걷고, 낮에는 두 발로 걷고, 저녁에는 세 발로 걷는가?" 아무도 그것을 풀지 못하고 그녀에 의해 죽임을 당했다. 마침내 그것은 그리스 왕 오이디푸스에 의해 풀렸다. 그러자 스핑크스는 그녀의 높은 바위에서 몸을 던져 죽었다.

1. 스핑크스는 무엇인가?
2. 모든 스핑크스 중 가장 큰 것은 어떤 것인가?
3. 스핑크스란 이름은 어디서 왔나?
4. 그리스의 전설에서 스핑크스는 무엇이었나?
5. 그 수수께끼는 무엇이었나?
6. 그 수수께끼는 누구에 의해 풀렸나?

Task3 Guided Writing

1. Gina traveled in Asia in the summer for three weeks. (시간의 표현이 장소보다 뒤로 감)
2. The Borobudur is the world's largest Buddhist temple on a small hill on the island of Java in Indonesia. (작은 장소 → 큰 장소)
3. It was the center of Buddhist worship in the Sailendra Kingdom for about 100 years.
4. The temple disappeared overnight under the tons of lava and ash from a volcano eruption in 930 A.D.
5. It was found by a group of Englishmen in 1814 after two months of searching.
6. It was restored to its original state by the UNESCO in 1900 as a global project.

해석

1. 지나는 여름에 3주 동안 아시아를 여행했다.
2. 보로부두르는 인도네시아 자바 섬에 있는 작은 언덕 위에 있는 세계에서 가장 큰 절이다.
3. 그것은 사일렌드라 왕조에서 약 100년 동안 불교 숭배의 중심이었다.
4. 그 절은 930년에 화산 폭발로 나온 수톤의 용암과 재에 덮여 하룻밤 사

이에 사라졌다.
5. 그것은 1814년 두 달의 수색 끝에 영국인 일행에 의해 발견되었다.
6. 그것은 1900년 유네스코에 의해 글로벌 프로젝트의 일환으로 원상태로 복구되었다.

Task4 Editing

1. In last summer → Last summer, during one week → for one week, in Washington, DC: during one week 앞으로
2. with out any skyscrapers → without any skyscrapers (with와 out을 붙일 것)
3. on a hotel → in a hotel, outside the US capital: 맞음
4. by the subway → by subway, with the city map: 맞음, on our hand → in our hands
5. while the War of Independence → during the War of Independence
6. by 1819 → until 1819
7. of Art: 맞음, for my ·mom and I → for my mom and me
8. in the front of the beautiful paintings → in front of the beautiful paintings
9. of enjoy and learn → of enjoyment and learning

해석

¹·작년 여름에 우리는 일주일 동안 워싱턴 DC를 여행했다. ²·그것은 고층건물이 없는 역사적인 도시였다. ³·우리는 미국의 수도 외곽에 있는 호텔에 묵었다. ⁴·우리는 손에 시내지도를 들고 둘이서만 지하철로 여행했다. ⁵·백악관은 독립전쟁 중에 걸게 탔다. ⁶·그것은 1819년 하얗게 칠해지기까지는 그렇게 불리지 않았다. ⁷·국립 미술관은 엄마와 나를 위한 것이었다. ⁸·우리는 아름다운 그림들 앞에서 오래 서 있었다. ⁹·우리는 즐거움과 배움으로 가득 찬 멋진 시간을 보냈다.

Task5 Sentence Writing

1. I returned from a trip to Europe on Monday.
2. I stayed in Paris (for) more than a week.
3. Because of the bad weather, I couldn't see the sky very well.
4. During the trip I talked with people from other countries for a long time.
5. In the Louvre I spent the longest time in front of *the Mona Lisa*.
6. On the bridge over the Seine I ran like an actress in a movie.
7. At night I looked at Paris (reflected) in the river.
8. In cafes on the street, I listened to the street musicians with strangers.

9. Despite sore legs, I hung around the city until late night.
10. For the first time in my life I spent a week without[free from] any concerns.
11. After coming back, I wrote about the trip.

Task6 On Your Own

1. I was born in _____ (장소) on _____ (날짜), _____ (년도).
2. There is[are] _____ in front of[next to/behind/around] my home.
3. I go to school by _____ .
4. I usually talk a lot with _____ about _____ .
5. I sleep for _____ at night.
6. I get stressed because of _____ .
7. I usually have _____ for breakfast.
8. I can't live a day without _____ .

Bank

동사
살다, 먹다, 이야기하다, 태어나다, 가다, 자다, 스트레스 받다

전치사
~와 함께, ~없이, ~에 의해, ~ 동안, ~ 때문에, ~에(on/at/in),
~ 앞에, ~ 뒤에, ~ 옆에, ~에 대해

명사
· 교통수단: 걸어서, 버스, 지하철, 기차, 자전거
· 고민거리: 시험, 학업, 학교 성적, 숙제, 부모님, 돈, 외모, 왕따시키는 친구들, 관계, 미래 직업, 체중문제, 안 좋은 건강
· 아침 식사: 밥, 토스트, 주스, 우유, 시리얼, 파일, 샐러드, 달걀, 햄, 스프
· 중요한 것: 친구, 컴퓨터, 음악, 휴대전화
· 중요한 일: 잠자기, 먹기, 이야기하기, 운동하기

Extra Writing Practice UNITS 1 & 2

1
1. Despite the bad weather there are many people in the park.
2. There are trees planted around the square.
3. Above the stage is hanging a large banner with the name of the band.
4. Behind the stage there are musicians in stage costume waiting.
5. Beside the stage a truck from a TV station has been standing by for hours.
(현재완료를 써야 함)
6. The children at the concert were all given balloons at the entrance.
7. But children under seven were not admitted.
8. Audience members were requested to cheer for the performers.
9. In half an hour the concert will begin.
10. And it will be aired nationwide at 3 pm on Sunday.

2
1. People have left records since thousands of years ago.
2. Paper didn't appear on earth until the second century.
3. All records were left on leaves, wood, and clay tablets.
4. At first all records were written by hand.
5. Books were hardly read by the general public until the Middle Ages.
6. They were told gospels by priests.
7. The printing press was invented by Gutenberg in 1453.
8. During the 15th century, twenty million books were printed.
9. The new age of the masses was opened with books.
10. In the 19C, books were produced in large numbers by machines for the first time in history.
11. Now over two trillion books are sold in a year only in the US.

UNIT 03 비교하는 글쓰기 I

Writing with Grammar : 형용사·부사의 비교

Task2 Composition

1
1. taller, the tallest
2. more intelligent, as intelligent
3. farthest (the는 생략 가능), farther
4. better, as well
5. the most exciting, more exciting
6. more, as much
7. as carefully, the most careful

2
1. pleased
2. difficult (less는 more와 같이 3음절 이상의 형용사/부

사에)

3. as nice as
4. here (in the sea와 비교되는 것은 부사여야 함. in the pool은 가능)
5. children (one of 최상급+복수명사)
6. slowly (early의 비교급은 earlier)
7. largest (셋 이상 사이에는 최상급)
8. any other
9. any

해석

1
1. 존은 팻보다 더 키가 크다. 그는 우리 모두 중 가장 크다.
2. 사이먼은 팻보다 더 똑똑하다. 하지만 그는 존만큼은 똑똑하지 않다.
3. 나는 우리 반에서 가장 멀리 뛸 수 있다. 우리 학교에서 아무도 나보다 멀리 뛰지 못한다.
4. 사이먼은 나보다 불어를 더 잘한다. 그는 우리 중 어느 누구보다도 불어를 잘한다(가장 잘한다).
5. 이것은 지금까지 내가 본 가장 재미있는 영화다. 나는 이보다 더 재미있는 영화를 본 적이 없다.
6. 팻은 나보다 고기를 더 많이 먹는다. 하지만 그는 나만큼 야채를 많이 먹지는 않는다.
7. 사이먼은 세상의 어느 누구만큼이나 조심스럽게 운전한다(가장 조심스럽게 운전한다). 그는 내가 아는 가장 조심성 있는 운전자다.

2
1. 그는 방에 있는 어떤 다른 사람보다도 더 기뻐한다.
2. 이 문제는 저 문제보다 덜 어렵다.
3. 그들은 둘 다 착하다. 한 사람이 다른 한 사람만큼 착하다.
4. 나는 여기서보다 바다에서 더 빨리 수영할 수 있다.
5. 키라는 동네에서 가장 똑똑한 아이들 중 하나다.
6. 팸은 더 천천히 말했다.
7. 넷 중에 어떤 상자가 가장 크나?
8. 에베레스트산은 세계의 어떤 다른 산보다 더 높다.
9. 롤스로이스는 지구상의 어떤 차만큼이나 비싸다(가장 비싸다).

Writing Tasks

Task1 Identifying

The toad is like the frog in many ways. But they are not as much alike as you think. The toad is <u>shorter</u> and <u>thicker</u>. Its skin is <u>drier</u> and <u>more rough</u>. The toad cannot jump as high as the frog. It cannot jump as far or as fast. Both can live on land or in water. Both sleep in the mud in water. They both lay eggs in the water and eat bugs. And finally, each of them is as hard to catch as the other.

해석

두꺼비는 여러 가지 점에서 개구리와 비슷하다. 그러나 그것들은 당신이 생각하는 것만큼 많이 비슷하지는 않다. 두꺼비는 키가 더 작고 더 두껍다. 그것의 피부는 더 건조하고 거칠다. 두꺼비는 개구리만큼 높이 뛰지 못한다. 개구리만큼 멀리 또는 빨리 뛰지도 못한다. 둘 다 땅 위에서나 물 속에서 살 수 있다.

둘 다 물 속의 진흙에서 잠을 잔다. 그들은 물 속에 알을 낳고 벌레를 먹는다. 그리고 마지막으로 그들은 똑같이 잡기가 어렵다.

Task2 Reading&Writing

1. Leona is as helpful as Jill.
2. Leona speaks as well as Jill.
3. Jill is not as honest as Leona. / Leona is more honest than Jill.
4. Leona is more outspoken than Jill.
5. Leona is more generous than Jill. (맞음)
6. Leona is as intelligent as Jill.
7. Jill is not as forgetful as Leona. / Leona is more forgetful than Jill.

해석

나는 두 친구 레오나와 질이 있다. 그들은 많은 점에서 비슷하다. 둘 다 똑똑하고, 의리있고 잘 도와준다. 둘 다 말을 잘한다. 둘 다 유머러스하다. 하지만 그들은 몇 가지 점에서 다르다. 레오나는 더 정직하다. 그녀는 뭔가 마음에 안 들면 항상 No라고 말한다. 반대로 질은 절대 불평하거나 논쟁하지 않는다. 레오나는 더 느슨하다. 그녀는 시간을 거의 잘 안 지킨다. 그녀는 종종 우리의 약속을 잊어버린다. 레오나와 달리 질은 절대 늦지 않는다. 꼭 늦어야 할 때면 그녀는 반드시 전화를 한다. 하지만 질은 레오나만큼 관대하지 않다. 레오나는 다른 사람의 실수를 마음에 오래 두지 않는다. 하지만 질은 그것을 절대 잊지 않는다.

1. 레오나는 질보다 더 잘 도와준다.
2. 레오나는 질보다 훨씬 말을 잘한다.
3. 레오나는 질만큼 정직하지 않다.
4. 레오나는 질만큼 솔직하다.
5. 레오나는 질보다 더 관대하다.
6. 레오나는 질보다 덜 똑똑하다.
7. 레오나는 질만큼 잘 잊어버리지 않는다.

Task3 Guided Writing

1. is spoken by the most
2. earns the most
3. is the coldest
4. is the longest
5. is farther from the mainland than
6. plays golf as well as
7. is one of the most comfortable

해석

1. 중국어는 세계에서 가장 많은 사람들에 의해 쓰인다.
2. 빌 게이츠는 미국에서 가장 많은 돈을 번다.
3. 남극은 지구상에서 가장 추운 곳이다.
4. 나일강은 지구상에서 가장 긴 강이다.
5. 하와이는 미국의 어떤 섬보다 본토로부터 더 멀리 떨어져 있다.
6. 타이거 우즈는 세계에서 어느 선수만큼이나 골프를 잘 친다. (가장 골프를 잘 친다.)
7. BMW는 내가 지금까지 운전해 본 차 중 가장 편한 차에 속한다.

1. many → more
2. more better → much better (비교급은 much, far, a lot 등으로 수식함)
3. any sport → any other sport
4. dynamic as → as dynamic as
5. the most tough sport → the toughest sports
6. complicated rules → more complicated rules
7. many playing in football as soccer → as many players playing in football as soccer
8. than soccer → than in soccer
9. biger → bigger
10. more badly → worse

해석

1. 유럽식 축구는 미식축구보다 더 많은 나라에서 경기를 한다. **2.** 그러나 미국인들은 유럽식 축구보다 미식축구를 훨씬 더 좋아한다. **3.** 미국에서 그것은 다른 어떤 경기보다 더 인기가 있다. **4.** 그것은 지구상의 어떤 스포츠보다 더 역동적이다. **5.** 또한 그것은 세계에서 가장 거친 스포츠 중 하나이기도 하다. **6.** 미식축구는 유럽식 축구보다 더 복잡한 규칙을 가지고 있다. **7.** 미식축구에서는 유럽식 축구에서만큼 많은 경기자들이 경기를 한다. **8.** 경기시간은 유럽식 축구보다 미식축구가 더 길 수 있다. **9.** 미식축구 선수들은 보통 더 크고 힘이 세다. **10.** 그들은 더 심하게 부상당할 수 있다.

Task 5 Sentence Writing

1. China is smaller than Russia.
2. It is not as rich as Japan.
3. It is less modern than Korea. /
   It is not as modern as Korea.
4. It is one of the oldest countries on earth.
5. But it is one of the most powerful countries in the world.
6. It has the biggest population among the countries in the world. (population에는 many / few를 쓰면 안 되고 big / small을 써야 함)
7. The Chinese work harder than any other people in the world.
8. The country is growing (the) fastest in the world.
9. It is changing more rapidly than any other country.
10. It is the biggest market in the world.
11. China may use more oil than America.
12. These days China appears on newspapers as often as the US.
13. The US is watching China more warily than (it is watching) any other country.

Task 6 On Your Own

1. _____ looks (more) _____ .
2. _____ is (more) _____ .
3. _____ _____ (more) _____ .
4. _____ speaks (more) _____ .
5. _____ _____ as well as me.
6. _____ does not _____ so well as me.
7. _____ is more _____ than any other friend of mine.

Bank

모습
키가 큰, 날씬한, 마른, 뚱뚱한, 통통한, 잘생긴(handsome, good-looking), 예쁜, 하얀(아름다운), 성숙한, 어린, 남자다운, 여성스러운, 귀여운, 강한, 깔끔한, 지저분한, 건강한, 창백한

성향/성격
게으른, 빈둥거리는, 수줍어하는, 부지런한, 열심히 공부하는, 순진한, 유치한, 신중한, 호기심이 많은, 창의적인, 독창적인, 상상력이 풍부한, 예술적인, 솔직한, 재치있는, 똑똑한, 성실한, 진지한, 변덕스러운, 사교적인, 합리적인, 절도있는, 겸손한, 오만한, 잘난 체하는, 점잖은, 검소한, 낙천적인, 비관적인, 능동적인, 수동적인

행동방식
신중하게, 조심스럽게, 감정적으로, 이성적으로, 잘, 유창하게, 빠르게, 느리게, 솔직하게

능력
달리다, 춤추다, 운동(음악 연주)하다, 노래하다, 농담(이야기)하다, 계산하다

평가
인기있는(popular, favored, well-liked), 유명한, 도움이 되는, 훌륭한

UNIT 04 비교하는 글쓰기 II

Writing with Grammar : 등위접속사

Task 2 Composition

1
1. He studied hard, but he failed the test.
2. The tests were hard, and he was not well that morning.
3. He had a bad cold, for he had walked in the rain the day before.
4. He has to take the class again, or he can't graduate.
5. He was very disappointed, so I cheered him up a little.

2
1. No one believed his story but I did.

2. Mike has a beard and every man in his family does too.
3. I may go hunting on vacation or play golf on vacation.
4. The boy didn't want to sleep, but his mother told him to.
5. Kate doesn't like loud music, and I don't either.

해석

1
1. 그는 열심히 공부했지만 시험에 떨어졌다.
2. 그 시험은 어려웠고 게다가 그는 그날 아침에 몸이 좋지 않았다.
3. 그는 독감이 걸렸다, 왜냐하면 그 전날 빗속을 걸었기 때문에.
4. 그는 그 수업을 다시 들어야 한다, 그렇지 않으면 그는 졸업할 수 없다.
5. 그는 매우 실망했다, 그래서 나는 그의 기운을 약간 북돋아 주었다.

2
1. 아무도 그의 이야기를 믿지 않았지만 나는 믿었다.
2. 마이크는 턱수염이 있고 그의 가족 중 모든 남자는 턱수염이 있다.
3. 나는 휴가차 사냥을 가거나 골프를 칠지 모른다.
4. 그 소년은 자고 싶지 않았으나 그의 엄마는 그에게 자라고 했다.
5. 케이트는 시끄러운 음악을 좋아하지 않고 나도 좋아하지 않는다.

Writing Tasks

Task1 Identifying

As neighboring countries, <u>Canada</u> and <u>the US</u> have a lot in common. Both are <u>countries of immigrants</u> and <u>have their roots in Europe</u>. The people <u>look alike</u> and <u>use the same language</u>. They <u>watch the same TV programs</u> and <u>drive the same cars</u>. But there are as many differences as similarities. Canadians are <u>quieter</u> and <u>more old-fashioned</u>. They are not as <u>outgoing</u> or <u>emotional</u> as Americans. <u>They are less violent</u>, for <u>they prefer order to freedom</u>. <u>They had no gunmen in the Old West</u>, nor <u>do they have much street crime today</u>.

해석

이웃 나라로서 캐나다와 미국은 많은 공통점을 가지고 있다. 둘 다 이민자들의 나라이고 뿌리를 유럽에 두고 있다. 사람들은 비슷해 보이고 같은 언어를 사용한다. 그들은 같은 TV 프로그램을 보고 같은 차를 운전한다. 하지만 비슷한 점만큼 다른 점들이 많다. 캐나다 사람들은 더 조용하고 더 구식이다. 그들은 미국인들만큼 외향적이거나 감정적이지 않다. 그들은 덜 폭력적이다. 왜냐하면 그들은 자유보다 질서를 더 선호하기 때문이다. 옛날 서부에는 총잡이도 없었고 지금도 노상범죄가 많지 않다.

Task2 Reading&Writing

1. Her birthday is in July and my birthday is in July too.
2. She has a younger brother and I have a younger brother too.
3. Her father is an engineer and my father is an engineer too.
4. I don't like math and she doesn't like math either.
5. I am always on time, but she is hardly on time.
6. Mostly I do things by myself, but she doesn't even try to do things by herself.
7. I think twice before saying no, but she hardly thinks twice before saying no.
8. I usually say sorry after fights, but she never says sorry after fights.

해석

팸과 나는 많은 공통점을 가지고 있다. 그녀의 생일은 7월이고 내 생일도 그렇다. 그 애는 남동생이 있고 나도 그렇다. 그 애의 아버지는 기술자이고 우리 아버지도 그렇다. 나는 수학을 싫어하고 그 애도 그렇다. 이 모든 비슷한 점에도 우리는 별로 가깝지 않다. 우리는 비슷한 점보다 다른 점이 더 많다. 나는 시간을 잘 지키지만, 그 애는 거의 그렇지가 않다. 대부분 나는 일을 스스로 하지만 그 애는 그렇게 하려고 시도조차 하지 않는다. 나는 거절하기 전에 다시 한번 생각하지만 그 애는 거의 그러지 않는다. 나는 보통 싸운 후에 사과를 하는데 그 애는 절대로 그러지 않는다. 우리는 절대 친구가 될 수 없다.

Task3 Guided Writing

1. it sells well
2. the plot is very poor
3. did she work hard on the book
4. it was a box office hit
5. it appealed especially to kids
6. many kids are looking forward to it
7. on the phone

해석

1. 그 책은 별로 좋지 않은데 잘 팔린다.
2. 등장인물들은 사실적이지 않고 줄거리도 열악하다.
3. 저자는 유명하지도 않았고 그 책을 열심히 쓰지도 않았다.
4. 그것은 영화로 만들어졌는데 히트를 쳤다.
5. 그 영화는 현란한 특수효과로 가득 차 있었기 때문에 특히 아이들의 흥미를 끌었다.
6. 다음 책도 성공할 것이다, 왜냐하면 많은 아이들이 고대하고 있기 때문에.
7. 당신은 인터넷이나 전화로 예약할 수 있다.

Task4 Editing

1. I will live in the city for the rest of my life, for I like it. (두 문장을 하나로 합침)

2. Cities are usually crowded, and sometimes they are very noisy. (두 문장 사이에 and를 넣어 줌)
3. but → and
4. street crime so → street crime, so
   (so 앞에 쉼표(,)를 넣어 줌)
5. why → for
6. too → either
7. nor they don't → nor do they
8. me → I
9. she doesn't like → she doesn't (like 삭제)
10. I prefer excitement, and she peace.
    (두 문장 사이에 and를 넣어 줌)

해석

1.나는 남은 일생을 도시에서 살 것이다. 왜냐하면 나는 도시가 좋기 때문이다. **2.**도시는 대개 붐비고 가끔은 아주 시끄럽다. **3.**차가 많고 공기는 깨끗하지 않다. **4.**노상범죄가 많아서 안전하지 않다. **5.**그러나 나는 도시에서 사는 것이 좋다. 왜냐하면 재미있으니까. **6.**지루하거나 심심하지도 않다. **7.**사람들은 당신에게 신경쓰지 않고 당신을 귀찮게 하지도 않는다. **8.**샐리와 나는 둘 다 시골에서 자랐다. **9.**나는 도시생활을 좋아하지만 그녀는 그렇지 않다. **10.**나는 신나는 것을 선호하고 그녀는 평화를 선호한다.

Task5 Sentence Writing

1. I have a big family, so[and] I need a big house.
2. I am going to rent an apartment or buy a house.
3. The apartment has a good view and you can enjoy a modern lifestyle there.
4. The apartment is more convenient, for you can use public transportation.
5. The apartment is close to the town center but the air is not clean.
6. The house is quieter and the air is cleaner.
7. Children prefer a house, for they can keep a pet.
8. But it is not convenient nor is it easy to maintain.
9. This apartment is new, but this house is over ten years old.
10. Give me your opinion, or I will buy this house.

Task6 On Your Own

1. I like _____ and I like doing it.
2. I want to _____ well but I don't.
3. I want to be a _____ or _____ .
4. I am in the best condition in _____ and in

_____ .
5. I have _____ and _____ does too.
6. I don't have _____ and _____ doesn't either. / _____ and neither does _____ .
7. I have never _____ , and neither will I.

Bank

잘하고 싶은 일
노래하다, 춤추다, (선으로) 그리다, (붓으로) 그리다, 달리다, 수영하다, 늦게까지 깨어 있다, 영어로 말하다, 사람들 앞에서 말하다, 돈을 벌다, 친구를 사귀다, 좋은 점수를 받다

바람직하지 않은 일
끼니를 거르다, 밤을 새다, 속이다, 누군가를 때리다, 거짓말하다, 피롭히다/괴롭히다, 싸우다, 왕따시키다, 누군가의 비밀을 누설하다, 약속을 어기다, 실망시키다, 위협하다

직업
교사, 의사, 과학자, 화가, 음악가, 바이올리니스트, 피아니스트, 댄서, 가수, 디자이너, 배우, 작가, 시인, 아나운서, PD, 기자, 조종사, 비행기 승무원, 경찰관, 공무원, 기술자, 농부, 환경운동가, 사업가, 군인, 사회사업가, 정치가, 약사, 간호사

물건
CD 플레이어, 휴대전화, 디지털 카메라, MP3 플레이어, 노트북 컴퓨터, 탁상용 컴퓨터, 옷, 장신구, 책

Extra Writing Practice UNITS 3 & 4

1
1. The dog has been a friend of humans as long as the cat. / The dog has been as old a friend to humans as the cat. (as 뒤의 명사구에 a(n)가 오면 그 a(n)는 명사 바로 앞으로 감)
2. In the US, there are almost as many cats as (there are) dogs.
3. They have as many differences as similarities.
4. The dog is usually more friendly than the cat. (friendlier도 가능)
5. The dog likes people more than cats do(like people).
6. The dog is loyal and[, so] it never betrays its master.
7. The dog becomes your friend and is helpful in many ways.
8. On the contrary the cat is not very loyal or helpful.
9. The dog is less violent than the cat, for it is not a meat-eating animal.
10. Try a dog and a cat, and you will like the dog better.

2
1. New York is as important (a city) as Washington, DC.
2. In the US, New York is the center of economy and Washington is the center of politics.
3. New York is located in the east of the country and so is Washington.
4. New York is bigger and more modern than Washington.
5. The buildings of New York are much taller and newer than those of Washington.
6. The population of New York is four times larger[bigger] than that of Washington.
7. There are more immigrants in New York than in any other city in the world.
   (than 다음에 in을 빠뜨리지 말 것)
8. There are the wealthiest people in the world living in there, but there are also many poor people.
9. There are as many skyscrapers as slums.
10. Washington is smaller than New York, but it has as many things to see (as New York). (비교 대상을 언급하지 않아도 알 수 있기 때문에 as New York은 생략될 수 있음)

UNIT 05 전기문 쓰기

Writing with Grammar : 시간의 부사절

Task2 Composition

1
1. I was walking home when I saw the accident.
2. I didn't stop running in the race until I fell down.
3. I have been thinking about him since I met him last week.
4. The train had already left by the time I arrived at the station.
5. I will finish this before he is here.
6. I'll give you a call after the meeting ends at 8.

2
1. have lived
2. had fallen
3. will be
4. gets
5. finishes
6. was sleeping

---

7. opened
8. had already started
9. had hardly driven

해석

1
1. 내가 그 사고를 보았을 때 나는 집으로 걸어가는 중이었다.
2. 나는 넘어질 때까지 경주에서 뛰기를 멈추지 않았다.
3. 나는 지난 주에 그를 만난 이후 그에 대해 내내 생각하고 있다.
4. 내가 역에 도착했을 때 기차는 이미 떠나고 없었다.
5. 나는 그가 여기 오기 전에 이것을 끝낼 것이다.
6. 8시에 모임이 끝난 후 너에게 전화하겠다.

2
1. 나는 태어난 이래로 서울에 (계속) 살고 있다.
2. 그가 경주를 끝냈을 때까지 세 번 넘어졌다.
3. 내가 다음 여행에서 돌아올 때는 나뭇잎들이 빨갛게 물들 것이다.
4. 나는 그가 여기 돌아올 때까지 머물러 있겠다.
5. 그는 저녁식사를 끝낸 후 짧게 산책을 할 것이다.
6. 내가 들어갔을 때 그는 자고 있었다. 그는 내가 거기 있는지 몰랐다.
7. 비가 내리기 시작하자 그는 우산을 폈다.
8. 우리가 도착했을 때 연극은 이미 시작한 후였다.
9. 1마일도 채 가지 못해서 바퀴에 바람이 빠졌다.

Writing Tasks

Task1 Identifying

J. K. Rowling was a poor single mom when she began to write the *Harry Potter* book in 1990. She had had several minor jobs but still had no heating in her apartment. By the time she started on the second book of the series, however, she had already become a very rich woman. Her life has completely changed since the first book came out in 1997. Now her six books have been translated into more than forty languages, earning her billions of dollars. The series will end at the seventh episode when Harry becomes seventeen, the author says.

해석

1990년에 《해리포터》 책을 쓰기 시작했을 때 J. K. 롤링은 가난한 홀엄마였다. 그녀는 몇 가지 자잘한 직업을 가졌지만 아파트에 난방을 하지 못했다. 그러나 그녀가 시리즈의 두 번째 책을 시작했을 때쯤에는 그녀는 이미 아주 큰 부자가 되어 있었다. 1997년에 첫 번째 책이 나온 이래로 그녀의 삶은 완전히 변했다. 현재 그녀의 여섯 권의 책은 지금까지 40개가 넘는 언어로 번역되어 그녀에게 수십억 달러를 벌게 해 주었다. 그 시리즈는 해리가 17세가 되는 7권에서 끝날 거라고 저자는 말한다.

Task2 Reading&Writing

1. he came to this 'land of gold' at the age of 17
2. he crossed the Atlantic
3. he got married

4. all his children graduated from university
5. he passed away in 1968
6. she is in trouble

해석

내 증조할아버지는 17세의 나이에 이 '황금의 땅'에 왔을 때 미국인으로서의 삶을 시작했다. 그는 대서양을 건너기 전에는 한 번도 아일랜드의 작은 농장을 떠나 본 적이 없었다. 결혼했을 때 그는 농장에서 우유를 짜는 일을 했다. 그는 자녀들이 모두 대학을 졸업할 때까지 밤낮으로 열심히 일했다. 1968년 돌아가실 때까지 그는 그의 10명의 손주 모두가 결혼한 것을 다 보았다. 그는 인격자였다. 그의 용기와 힘은 내가 어려움에 처했을 때 항상 나를 인도해 줄 것이다.

1. 그녀의 증조할아버지는 _____ 했을 때 미국인이 되었다.
2. 그는 _____ 하기 전에 한 번도 외국에 나가 본 적이 없었다.
3. 그는 _____ 했을 때 농장에서 일하고 있었다.
4. 그는 _____ 할 때까지 정말 열심히 일했다.
5. _____ 할 때쯤에는 그의 손주 모두가 다 결혼한 상태였다.
6. 그의 강인한 성품은 _____ 할 때 수지를 인도해 줄 것이다.

Task3 Guided Writing

1. when he met Allen and first wrote programs for money
2. While he was attending Harvard University
3. Right after he dropped out of Harvard
4. when he fell ill and left Microsoft in 1983
5. by the time he was thirty five years old

해석

1. 빌 게이츠는 그가 처음 앨런을 만나 돈을 벌기 위해 프로그램을 썼을 때 8학년이었다.
2. 하버드 대학교를 다니면서, 그는 개인용 컴퓨터 프로그램 작업을 하고 있었다.
3. 그는 하버드를 중퇴한 직후, 마이크로소프트라는 회사를 만들었다.
4. 앨런은 1983년 아파서 마이크로소프트를 떠났을 때까지, 10년 넘게 그의 사업 파트너였다.
5. 빌은 그가 35살이 되었을 즈음엔 미국 역사상 가장 젊은 억만장자가 되어 있었다.

Task4 Editing

1. Helen Keller fell blind and deaf when she was two. (두 문장을 합침)
2. During a small child → While she was a child / During her childhood
3. Until met Ms. Sullivan → Until she met Ms. Sullivan / Until meeting Ms. Sullivan
4. It took a long time → It was a long time
5. 틀린 곳 없음
6. Then she was twenty → When she was twenty
7. she wrote → she had written
8. inspired → has inspired, has come → came

9. will be read → is read

해석

1. 헬렌 켈러는 두 살 때 눈과 귀가 멀었다. 2. 어린 시절, 그녀는 야생동물과 같았다. 3. 설리번 선생님을 만나기 전까지 그녀는 의사소통하는 방법을 몰랐다. 4. 그녀가 기호의 의미를 이해하기까진 오랜 시간이 걸렸다. 5. 일단 읽는 방법을 알게 되자 헬렌은 우수한 학생이 되었다. 6. 스무 살이 되자 그녀는 대학에 갔다. 7. 그녀는 죽기 전까지 13권의 책을 썼다. 8. 1902년 책이 나온 이래로 그녀의 이야기는 많은 사람들을 감화시켰다. 9. 그녀의 이야기가 읽히는 동안, 그녀는 많은 사람을 빛으로 인도할 것이다.

Task5 Sentence Writing

1. Amelia Earhart has been curious since she was young. / Amelia Earhart has been curious since her childhood.
2. She had already had 28 jobs before she became a pilot.
3. When World War I broke out, she volunteered as a nurse.
4. While (she was) doing all these, she always dreamed of flying around the world.
5. No woman had flown over the Atlantic Ocean until she tried it in 1928.
6. She had already become famous by the time she started on the around-the-world flight.
7. But while she was flying over the Pacific Ocean in 1937, her airplane disappeared.
8. Her death has not been confirmed since she disappeared.
9. She has been my idol since I read a book about her at age eight.
10. When I grow up, I will be a strong woman like her.

Task6 On Your Own

1. _____ when he[she] was young.
2. _____ while he[she] was going to school
3. _____ after he[she] finished school.
4. _____ when he[she] got married.
5. _____ by the time he[she] became forty.
6. _____ since he[she] was born.
7. _____ before he[she] dies.

Bank

성장과정에 있었던 일

친구들과 싸우다, 다리[팔]을 부러뜨리다, 메달[게임/상/복권]을 따다, 학교를 중퇴하다, 병들다, 가족을 잃다, 나쁜[좋은] 친구를 갖다, 좋은 교육을[교육을 조금/전혀 교육을 못] 받다, 전쟁이 나다, 도망가다, 일

하다, 항해하다, ~을 잘하다

성인기의 일
사랑에 빠지다, 좋은[나쁜] 결혼을 하다, 이혼하다, 외국에서 공부[여행/일]하다, 일하다, 사업하다, 군에 입대하다, 파산하다, 많은 돈을 벌다/거의[전혀] 돈을 못 벌다, 회사를 세우다, 사업에 성공[실패]하다, 수술을 받다, 병원에 입원하다, 아프다, 어려운 사람을 돕다, 직업을 잃다

못 해본 일/하고 싶은 일
메달을 따다/복권에 당첨되다/1등을 하다, 해외여행을 하다, 부자가 되다/유명해지다, 사랑하다

UNIT 06 기사문 쓰기

Writing with Grammar : 기타 부사절

Task 2 Composition

1
1. everybody was sound asleep
2. he might not wake anybody up
3. he had been dead
4. his friends shouted and screamed loudly
5. he wanted to cry for help
6. I had expected

2
1. because   2. as   3. while
4. as if   5. unless   6. such
7. so that   8. had, would
9. had, wouldn't have said
10. calls (in case(~할 경우를 대비해서)는 조건절로 미래를 쓰지 않음)

해석

1
1. 모두가 깊이 잠들어 있어서 그는 아무 소리도 내지 않았다.
2. 아무도 깨우지 않으려고 그는 아무 소리도 내지 않았다.
3. 마치 죽은 듯이 그는 아무 소리도 내지 않았다.
4. 그의 친구들은 크게 소리지르고 비명을 지른 반면에 그는 아무 소리도 내지 않았다.
5. 소리쳐 도움을 청하고 싶었지만 그는 아무 소리도 내지 않았다.
6. 내가 기대했던 대로 그는 아무 소리도 내지 않았다.

2
1. 비가 왔기 때문에 우리는 소풍을 취소했다.
2. 비가 많이 왔기 때문에 우리는 집에 있었다.
3. 팀은 수다스러운 반면에 샘은 매우 조용하다.
4. 팀은 마치 그가 모든 것을 알고 있다는 듯이 말한다.
5. 위급한 상황이 아니라면 나에게 전화하지 마라.
6. 너무 추운 날씨라 사람들이 조금밖에 없었다.
7. 나는 거기에 일찍 가서 앞좌석을 구할 수 있었다.
8. 미안해. 내가 돈이 있다면 널 도와줄 텐데.
9. 나는 그것을 몰랐다. 만약 내가 알았더라면 그렇게 말하지 않았을 것이다.
10. 나는 그한테서 전화올 경우에 대비해 휴대폰을 가지고 갈 것이다.

Writing Tasks

Task 1 Identifying

A dog was awarded the Rose Medal of Honor yesterday. "We were sleeping so soundly (that we didn't know we were in danger)," the rescued boy said. "The boat was sinking (because the wind hit the boat against a rock and punched a hole in it)." Zorro, the smart dog, woke his masters up (right before it was too late). "(If it had not been for him), we might have all died. (Even though we lost our boat), we can hardly thank him enough," the grateful father said.

해석
한 개가 어제 로즈 명예상을 받았다. "우리는 너무 깊이 잠들어 있어서 우리가 위험에 처한 줄을 몰랐어요."라고 구조된 소년은 말했다. "바람이 보트를 바위에 부딪치게 해 구멍을 내는 바람에 보트가 가라앉고 있었던 거예요." 그 영리한 개 조로는 너무 늦기 직전에 자기 주인들을 깨웠다. "그가 아니었다면 우리는 모두 죽었을 겁니다. 비록 보트는 잃어버렸지만, 우리는 그에게 아무리 감사해도 모자라죠."라고 아버지는 고마워하면서 말했다.

Task 2 Reading&Writing

1. as there was strong wind
2. so that the fire might not spread to the nearby forest
3. If they had not put out the fire completely before dark
4. while there are not many casualties
5. since it has been so dry this year
6. unless there is rain

해석
어제 스프링필드의 온천 휴양지에서 화재가 발생했다. 강한 바람이 불어서 불은 빨리 번졌다. 소방관들은 불이 인근의 숲을 덮치지 않도록 주변의 나무들을 잘라냈다. 비록 불길을 잡기 어려웠지만, 그들은 어두워지기 전에 불을 완전히 껐다. 그러지 않았다면 그것은 큰 재난이 되었을 것이다. 사상자는 많지 않은 반면에, 재산 손실은 크다. 올해 너무 건조해서 사람들은 내내 불 걱정을 해왔다. 비가 오지 않는다면 또 불이 날지도 모른다.

* casualties 사상자   property 재산

1. 불은 _____했기 때문에 빨리 번졌다.
2. 소방관들은 _____하기 위해 휴양지 주변의 나무들을 제거했다.
3. _____했다면 큰 재난이 되었을 것이다.
4. _____한 반면에, 재산 손실은 크다.
5. _____했기 때문에 화재에 대한 염려가 있어 왔다.
6. _____한다면 더 많은 화재가 뒤따를 것이다.

Guided Writing

1. unless the rain stops (unless는 부정의 뜻을 포함하므로 not을 다시 쓰지 않고, 조건절이므로 미래를 쓰지 않음)
2. even though he had made many silly mistakes
3. whereas the South is steamy
4. If the pilot had been more careful
5. as if he hadn't seen the victim
6. so that people might use cars less (과거시제이므로 may의 과거 might)
7. As the holiday season is getting near

해석

1. 비가 그치지 않는다면 축구경기는 취소될 것이다.
2. 그 대통령은 어리석은 실수를 많이 했지만 재선되었다.
3. 남부는 찌는데 북부는 몹시 춥다.
4. 조종사가 좀더 조심했더라면 비행기 사고는 일어나지 않았을 것이다.
5. 그 체포된 범인은 피해자를 본 적이 없는 듯이 행동했다.
6. 정부는 사람들이 차를 덜 사용하게 하려고 기름에 대한 세금을 인상했다.
7. 휴가철이 가까워짐에 따라 슈퍼마켓 매출이 늘고 있다.

Task4 **Editing**

1. Despite → Although
2. She had no children of her own since she hadn't been married. (두 문장을 하나로 연결해야 함. since절은 독립된 문장이 될 수 없음)
3. too long → so long
4. 접속사가 없음 → As[Since] many children
5. as she → as if she
6. like → as
7. can → could
8. will approve → approves
9. If she had not jumped into the water, the child would have died.
   (과거 사실이므로 가정법 과거완료를 써야 함)

해석

어제 우리 시대의 스승인 샐리 존스의 장례식이 있었다. [1.]날씨가 궂고 추웠지만 많은 사람들이 장례식에 참석했다. [2.]그녀는 결혼하지 않았기 때문에 자기 자신의 아이는 없었다. [3.]그녀는 아이들을 아주 오랫동안 도왔기 때문에 항상 아이들이 곁에 있었다. [4.]많은 아이들이 그녀에게 작별인사를 하고 싶어해서 장례식은 오래 걸렸다. [5.]그녀는 평화로운 미소를 띠고 있었다. 그녀는 마치 살아있는 것처럼 보였다. [6.]그녀는 자신이 원했던 대로 그녀의 집 나무 아래 묻혔다. [7.]시는 그녀의 집을 박물관으로 만들기 위해 그 집을 샀다. [8.]시의회가 승인한다면 '샐리 존스의 날'이 제정될 것이다. [9.]만약 그녀가 물에 뛰어들지 않았더라면 그 아이는 죽었을 것이다.

Task5 **Sentence Writing**

1. There were many traffic accidents as there was a heavy snow last night.

2. Although it is mid-April, many people are wearing coats and scarfs.
3. If the temperature drops further, there will be more cold patients.
4. It is as if winter had come back.
5. The weather is so changing these days that people can't decide what to wear.
6. There are floods in the winter, while there is hail in the summer.
7. The weather forecast should be more reliable so that people can prepare for the weather change.
8. But however hard we may try, we can't predict the weather accurately because of climate change.
9. If the earth were healthy, there would not be such climate change.
10. If we had been wiser, we would not have made the earth so sick.

Task6 **On Your Own**

1. _____ happened when[before / after / while] I was _____ _____ .
2. It _____ because[since / as] _____ .
3. Although _____ .
4. _____ seemed as if _____ .
5. _____ so that _____ .
6. If _____ , would have _____ .
7. If _____ , will[may] _____ .

Bank

시점 ~일 때[전에/후에/동안]
~살일 때/~학년일 때/학교에 있을 때/수업 중에/학교 운동장에 있을 때/수학여행 중일 때/가족휴가 중일 때/현장 학습 갔을 때/학교 가는 길에/집에 가는 길에/극장에 있을 때/친구들과 돌아다니고 있을 때/시험을 치르고 있을 때

이유 ~하기 때문에
너무 많은 사람들이[차들이/물건들이] 있어서
더워서/추워서/흐려서/어두워서/늦어서/붐벼서/미끄러워서

목적 ~하기 위해 …하다
얻기 위해/닫기 위해/잡기 위해/~에서 벗어나기 위해
다치지 않기 위해/넘어지지 않기 위해/막지 않기 위해/타지 않기 위해

가정 ~한다면
~가 없었다면[있었다면]/~이었다면[아니었다면]
~가 …을 (안) 봤다면/알았다면/들었다면/부딪쳤다면/쳤다면/다쳤다면/일어났다면

1
1. Mr. White has been living in our town since he was born.
2. His parents died right after[as soon as] he was born.
3. Since he is the only carpenter in town, he repairs every house in town.
4. He is so nice that no one has seen him lose his temper.
5. Although he didn't go to school very much, he is more honest and wiser than anyone else.
6. If it had not been for him, the houses in town had not been built so strong.
7. If it were not for him, the houses in town would not be so beautiful.
8. Now he is so old and weak that he cannot do any hard work.
9. But when[if] children bring him broken toys, he happily fixes them.
10. When he turns eighty next month, we are going to give him a special party.

2
1. It has been a month since the painting was stolen from the museum.
2. Even though the police are doing their best, the painting has not been found yet.
3. It would not have occurred if the security system had not been so old.
4. The security system had been causing trouble for days when the museum was broken into.
5. While the thieves were stealing the painting, the security guards were watching TV.
6. As the security system didn't work, they knew nothing about it.
7. The police was unbelievably slow, while the thieves were quick.
8. If the police had moved faster, they could have caught the thieves.
9. The city hardly spends any money on the museum, while[whereas] it spends a lot on the sports center.
10. It should make more investment into the museum so that our valuable art works can be safer.

UNIT 07 주장하는 글쓰기

Writing with Grammar : 명사절 I

Task2 Composition

1
1. It is said (that) TV makes you only stupid.
2. But I strongly believe (that) TV can be beneficial.
3. I think (that) TV is a good source of information and entertainment.
4. It is certain (that) there are a lot of problems in TV programs.
5. I find it true that some programs are too violent. (it은 가목적어, that절이 진목적어)
6. The question is whether you have any rules for watching TV.

2
1. whether	2. that	3. if
4. what	5. what	6. if
7. what	8. What, that	9. that

해석

1
1. TV는 사람들을 멍청하게 만들 뿐이라고들 한다.
2. 하지만 나는 TV가 유용할 수 있다고 확신한다.
3. 나는 TV가 좋은 정보원이자 오락원이라고 생각한다.
4. TV 프로그램에 많은 문제가 있는 것은 분명하다.
5. 나는 몇몇 프로그램들이 너무 폭력적인 것이 사실이라고 생각한다.
6. 문제는 당신이 TV를 보는 규칙이 있느냐 하는 것이다.

2
1. 당신은 나에게 아침을 먹어야 하는지 아닌지를 묻는다.
2. 당신이 아침을 거르는 것은 좋은 생각이 아니다.
3. 나는 당신이 그렇게 해서 체중을 줄일 수 있을지 의심스럽다.
4. 문제는 당신이 아침으로 뭘 먹느냐이다.
5. 가볍고 영양가 있는 식사가 당신이 필요로 하는 것이다.
6. 아침에 단백질을 먹는 것이 더 좋을 것이다.
7. 열량은 여기서 문제가 되는 것이 아니다.
8. 중요한 것은 당신이 비타민과 미네랄을 더 많이 섭취하는 것이다.
9. 어린 소녀들이 체중을 줄이기 위해 굶는 것은 가여운 일이다.

Writing Tasks

Task1 Identifying

It is generally believed (that there is nothing good about computer games). Many successfully argue (computer games only do children harm). Few mention, however, (how important they are to children these days). It may be true (that computer games distract young students). But is it possible (children can do without any fun)? Just a little fun is (what computer games are all about). The point is, I think, (whether we make good use of them or not).

해석

컴퓨터 게임이 좋을 게 하나도 없다고 대개는 믿는다. 많은 사람들이 컴퓨터 게임이 아이들을 해칠 뿐이라고 성공적으로 주장한다. 그러나 그것이 요즘 아이들에게 얼마나 중요한지 말하는 사람은 거의 없다. 컴퓨터 게임이 어린 학생들을 산만하게 하는 것은 사실일지 모른다. 그러나 아이들이 아무 재미도 없이 사는 것이 가능한가? 그냥 작은 재미가 컴퓨터 게임의 전부다. 요점은, 내 생각에, 우리가 그것을 잘 이용하느냐 아니냐이다.

Task2 Reading&Writing

1. that students wear uniforms at school
2. (that) it makes everyone equal
3. what they wear
4. how they look
5. that uniforms make students perform better
6. uniforms take away personal freedom

해석

1.학생들이 학교에서 교복을 입는 것은 좋은 생각이다. 2.가장 큰 이점은 그것이 모든 사람들을 평등하게 해 준다는 것이다. 3.학생들은 그들이 입는 것에 의해서 판단될 필요가 없다. 그것은 또한 그들의 시간과 돈을 절약해 준다. 4.십대들은 그들의 외모에 많은 신경을 쓴다. 그러나 교복을 입으면 그들은 거울 앞이나 쇼핑몰에서 시간을 더 적게 보내게 된다. 5.연구에 따르면 교복은 학생들이 더 좋은 성적을 내게 해 준다고 한다. 나는 당연하다고 생각한다. 6.어떤 사람은 교복이 개인의 자유를 앗아간다고 말할지 모른다. 그러나 나는 그것이 해보다는 이익이 훨씬 더 많다고 믿는다.

1. 그녀는 _____이 바람직하다고 생각한다.
2. 교복을 입는 가장 큰 장점은 _____이다.
3. 교복을 입음으로써 그들은 _____에 의해 판단받을 필요가 없다.
4. 아이들은 _____을 크게 생각한다.
5. 몇몇 연구에서는 _____라고 주장된다.
6. _____라고 말할 수 있다.

Task3 Guided Writing

1. I don't think it is true that school is good for every child.
2. First you have to ask what education is all about.
3. It is a wrong notion that school is the only place to educate children.
4. I wonder why every child should learn the same things.
5. I find it true that every child is different.
6. It makes sense that every child is treated differently at school.
7. I have a strong doubt on whether school can

do this job properly.

해석

1. 나는 학교가 모든 아이들에게 좋다는 게 맞다고 생각하지 않는다.
2. 먼저 당신은 교육이란 게 무엇인지 물어야 한다.
3. 학교가 어린이들을 교육하는 유일한 곳이라는 생각은 잘못됐다.
4. 나는 왜 모든 아이들이 같은 것을 배워야 하는지 궁금하다.
5. 나는 모든 아이들이 다르다는 것이 사실이라고 생각한다.
6. 모든 아이들이 학교에서 다르게 취급되는 것이 이치에 맞다.
7. 나는 학교가 이 일을 제대로 할 수 있는지에 강한 회의를 갖고 있다.

Task4 Editing

1. It said that → It is said that
2. I agree with that → I agree that (with 삭제)
3. 맞음
4. will it make → if[whether] it will make
5. That → What
6. 맞음
7. that → what (what은 doing의 목적어)
8. what will be the price for the destruction → what the price for the destruction will be
9. that → what
10. what we → about what we

해석

1.쇼핑몰을 짓기 위해 습지를 없애려 한다고 한다. 2.나는 경제가 중요하다는 것에 동의한다. 3.땅값이 올라가리라는 것은 확실하다. 4.하지만 나는 그것이 우리를 행복하게 해 줄지 의문이다. 5.나를 걱정하게 하는 것은 안전이다. 6.나는 습지 없이 마을이 안전할 수 있다고 생각하지 않는다. 7.그들은 습지가 우리를 위해 해 주는 것을 높이 평가하지 않는다. 8.그들은 그 파괴에 대한 대가가 무엇이 될지 모른다. 9.나는 미래가 어떻게 될지 궁금하다. 10.우리는 우리가 해야 할 일과 하지 않아야 할 일에 대해 더 많이 이야기해야 한다.

Task5 Sentence Writing

1. It is wrong that humans use animals for experiments.
2. I believe that animals have feelings and thoughts like us.
3. I wonder how they would feel in the laboratory.
4. What is important to us is only what we can get from them.
5. We are not interested in what they want.
6. But I want to ask if[whether] humans are the only master of the earth.
7. I am sure that all living creatures exist for one another.
8. I mean every member of the earth is equally important. / What I mean is that every member of the earth is equally important.

9. Many (people) forget (that) they are part of nature.
10. What we are doing now is also what we are doing for the future.

1. I believe that _____ .
2. I didn't know that _____ .
3. I wonder if[whether/who/what] _____ .
4. It is a good idea that _____ .
5. I find it the biggest cause of environmental problems that _____ .
6. It is the most important thing _____ .

Bank

사실
매년 그리스만한 열대우림 지역에서 나무들이 사라진다.
매일 50종의 식물과 동물들이 지구상에서 사라진다.
폐휴지 1톤을 재활용하면 15그루의 나무를 구할 수 있다.

질문
지구는 얼마나 더 많은 기름을 가지고 있는가?
지구는 얼마나 더 더워질 것인가?
극지방의 모든 만년설이 녹아버리면 어떤 일이 일어날 것인가?
지구는 우리 아이들을 위한 충분한 식량을 가지고 있는가?

의견
사람들은 모든 것을 너무 많이 쓴다.
사람들은 환경문제가 얼마나 심각한지 모른다.

제안
우리는 에너지를 절약해야 한다.
새로운 에너지원이 개발되어야 한다.
우리는 더 많은 쓰레기를 재활용해야 한다.
우리는 대중교통을 더 많이 이용해야 한다.

UNIT 08 : 전달하는 글쓰기

Writing with Grammar : 명사절 II

Task2 **Composition**

1
1. I asked him if[whether] he was okay.
2. He said that he hadn't slept very well the last night.
3. I asked him if[whether] there was anything I could do for him.
4. He asked when I was going to be home.
5. He asked me to help him with his homework. / He asked me if[whether] I would help him with his homework.
6. I told him to come over to my house at 6 that evening.

2
1. said
2. asked
3. was going to
4. what she was talking about
5. had been
6. be (suggest 뒤에 오는 that절의 동사는 원형)
7. not lose (important 다음의 that절에 원형동사)
8. finish (require 뒤에 오는 that절의 동사도 원형)
9. What do you think

해석

1
1. 나는 그에게 괜찮은지 물었다.
2. 그는 그 전날 잘 자지 못했다고 말했다.
3. 나는 그에게 내가 해줄 수 있는 게 있느냐고 물었다.
4. 그는 내가 언제 집에 갈 건지 물었다.
5. 그는 내게 자기 숙제를 도와달라고 부탁했다.
6. 나는 그에게 그날 저녁 6시에 우리 집에 오라고 말했다.

2
1. 그녀는 그 전날 나랑 이야기하고 싶다고 말했다.
2. 나는 그녀가 무슨 이야기를 하고 싶은 건지 물었다.
3. 그녀는 학교를 그만둘 거라고 했다.
4. 처음에 나는 그녀가 무슨 말을 하는지 몰랐다.
5. 그때 나는 그녀가 며칠 동안 평소와 달리 심각했었던 것이 생각났다.
6. 나는 그녀가 좀더 신중해야 한다고 했다.
7. 그렇게 해서 그녀가 너무 많은 것을 잃지 않는 것이 중요했다.
8. 법은 모든 사람이 고등학교를 졸업할 것을 요구한다.
9. 너는 그녀가 어떻게 해야 한다고 생각하니?

Writing Tasks

Task1 **Identifying**

The interview took an hour. Before starting, I congratulated her on the success of her latest book. Then I asked (why she wrote the book). She said (she wanted to let the world know about real Africa). She had a lot to say about it. She said (Western countries were partly responsible for its tragedy). My next question was (how many countries she had been to). She jokingly told me to name any country. I named ten. She said (she had been to all of them).

해석

그 인터뷰는 한 시간이 걸렸다. 시작하기 전에, 나는 그녀의 최근 책의 성공에 대해 축하했다. 그리고 그녀가 왜 그 책을 썼는지 물었다. 그녀는 세계에 실제 아프리카에 대해 알리고 싶었다고 말했다. 그녀는 거기에 대해 할 말이 많았다. 그녀는 서구의 나라들이 아프리카의 비극에 일부 책임이 있다고 말했다. 나의 다음 질문은 그녀가 그때까지 얼마나 많은 나라를 여행했는지였다. 그녀는 장난스럽게 아무 나라나 대라고 했다. 나는 10개를 댔다. 그녀는 거기에 다 가봤다고 했다.

Task2 Reading&Writing

1. what her bad habit was
2. she chewed her nails when she was nervous
3. if[whether] she had chewed her nails the last [previous] day
4. she had been very nervous
5. how long she had been singing
6. she had been singing for twelve years since her debut
7. if[whether] she was expecting another album

해석
A: 당신의 나쁜 습관은 무엇입니까?
B: 저는 초조하면 손톱을 깨물어요.
A: 어제도 손톱을 깨물었나요?
B: 네, 전 아주 초조했었어요.
A: 노래하신 지는 얼마나 됩니까?
B: 데뷔 때부터 12년 됩니다.
A: 다른 앨범이 나올 예정인가요?
B: 네, 몇 째 작업하고 있습니다. 다음 주에 나올 거예요.

1. 나는 _____ 라고 물었다.
2. 그녀는 _____ 라고 말했다.
3. 나는 _____ 라고 물었다.
4. 그녀는 그렇다고 하고, _____ 라고 했다.
5. 나는 _____ 냐고 물었다.
6. 그녀는 _____ 라고 말했다.
7. 나의 마지막 질문은 _____ 이었다.

Task3 Guided Writing

1. where I wanted him[her] to take me
2. it would be hot and humid the next day
3. every customer wear a suit and a tie
4. he had forgotten his homework
5. passengers not move around during take-off and landing
6. to get out of his car and show him his driver's license
7. what kind of work experience I had

해석
1. 그 택시 운전기사는 그가 나를 어디로 데려가 주기를 원하는지 물었다.
2. 일기예보관은 그 다음 날은 덥고 습도가 높을 거라고 예보했다.
3. 그 식당의 복장규정은 모든 고객들이 정장에 넥타이를 할 것을 요구했다.
4. 그 가여운 소년은 숙제를 잊고 안 가져왔다고 변명했다.
5. 안전한 비행을 위해서는 승객들이 이착륙 시에 돌아다니지 않는 것이 필수적이다.
6. 그 경찰관은 김 씨에게 차에서 내려서 면허증을 보여 달라고 말했다.
7. 그 면접관은 내게 어떤 직업경력이 있는지 물었다.

Task4 Editing

1. Do you think what is music? → What do you think music is?
2. that why→ why, want → wanted
3. how long I have played → how long I had played
4. told → said
5. I was strong → I be strong (important 다음의 that절에 원형동사)
6. told to → told me to
7. know he liked → know if[whether] he liked (접속사 필요)
8. I played → I play (suggest 다음의 that절에 원형동사)
9. he is not going to → he was not going to
10. when is my free time → when my free time was

해석
1. "너는 음악이 뭐라고 생각하니?" 라고 그는 먼저 물었다.
2. 그러고 나서 그는 내가 왜 그에게서 배우고 싶어하는지를 물었다.
3. 그는 내가 바이올린을 켠 지가 얼마나 되는지를 알고 싶어했다.
4. 그는 내가 너무 창백해 보인다고 했다.
5. 그는 내가 몸과 마음이 강한 것이 중요하다고 말했다.
6. 그는 내가 좋아하는 곡을 하나 연주하라고 했다.
7. 나는 그가 내 연주를 마음에 들어 했는지 아닌지를 몰랐다.
8. 하지만 그는 내가 더 많은 감정을 실어서 연주해야 한다고 제안했다.
9. 나는 그가 나를 가르치지 않으려 한다고 생각했다.
10. 그런데 그때 그가 내 빈 시간이 언제인지를 물었다.

Task5 Sentence Writing

1. He asked me if[whether] I had seen him before.
2. He said I looked very familiar to him.
3. He asked where I lived.
4. He asked if[whether] I had lived in LA.
5. He asked me where I had gone to school.
6. At last we confirmed that we had nothing in common.
7. Then he told me to show my family photo.
8. Then I knew why he thought he had seen me.
9. He said he was an old friend of my twin sister and he had been looking for her.
10. He asked me if[whether] he could visit my home to see my sister.
11. I told him to ask her.
12. I told him to give me his phone number so my sister could call him.

1. _____ said that _____ .
2. She[He] told me to _____ .
3. She[He] asked _____ .
4. She[He] said that _____ would _____ .
5. She[He] suggested that _____ .
6. It is important that _____ .

Bank

평가
그 영화[책/선생님/파티/쇼/연주회/가수]는 멋지다[멋졌다].
그 팀[선수]은 멋지게[아주 잘/잘/잘못] 했다[~할 것이다].

지시
~를 믿지 마라/~에게 말하지 마라/~와 어울려 다니지 마라/~와 데이트하지 마라
~를 믿어라[~를 따라가라/~와 같이 있어라/~를 도와라/~에게 주어라/~을 들어라/~을 보아라/~를 기다려라]

질문
~을 보았니[읽었니/들었니/했니/끝냈니]?
어디서[어떻게] ~을 구했니[샀니/보았니]?

예측
~는 화낼[실망할/당황할/충격받을] 것이다.
~는 어려울[쉬울/좋을/늦을/결석할/재미있을] 것이다.

Extra Writing Practice UNITS 7 & 8

1
1. I believe people think too much of their appearance these days.
2. It is said that a man has fixed his face more than twenty times. / I heard that a man has fixed his face more than twenty times.
3. How he looked to others was the most important to him.
4. It is important that we look good to others.
5. It is also natural that we try to make ourselves more attractive.
6. However, whether a person looks good (or not) solely decide his or her impression.
7. Part of his[her] impression comes from what he[she] thinks.
8. Happiness doesn't lie in what others think of us.
9. I don't know how much happier we will be by fixing our faces.
10. What matters is what we are and what we think.

2
1. People thought (that) she was too young.
2. They thought (that) she was just talking big.
3. No one believed she could make it.
4. It seemed impossible that a teenage girl could beat men.
5. However with the one game she proved everybody was wrong.
6. She said she had never thought it was impossible.
7. Some (people) wondered where her energy came from.
8. Others asked if[whether] she had had any special training.
9. Someone asked her mother how she had raised her.
10. Over all this fuss she said her biggest enemy had been herself.

UNIT
09 여러 가지 편지 쓰기 I

Writing with Grammar : 명사 상당어구 (동명사구·부정사구)

Task2 **Composition**

1
1. talking to you
2. selling cars
3. coming over
4. to obey the traffic law
5. making noise
6. to call me back
7. play with you

2
1. you to do some exercise
2. you should do some exercise
3. for you to do some exercise
4. Doing exercise
5. you to do some exercise
6. doing some exercise
7. you to do some exercise
8. you do some exercise
9. doing some exercise

해석

1
1. 너랑 이야기해서 즐거웠어. 안녕.
2. 그는 차를 팔아서 부자가 되었다.
3. 와 줘서 고마워. 그리고 꽃 고마워.
4. 운전 중에는 교통법규를 지키는 것이 중요하다.

5. 그만 시끄럽게 해. 음악을 들을 수가 없잖아.
6. 그 사람이 들어오는 대로 내게 전화해 달라고 좀 해 주세요.
7. 너랑 같이 뛰게 해 줘서 고마워. 시합 재미있었어.

2
1. 나는 네가 운동을 좀 했으면 한다.
2. 네가 운동을 해야 한다는 것은 놀랄 일이 아니다.
3. 네가 운동을 하는 것이 중요하다.
4. 운동을 하는 것이 지금 네가 당장 해야 하는 일이다.
5. 의사가 네게 운동을 하라고 말했다.
6. 너는 운동을 해서 체중을 줄일 수 있다.
7. 나는 네가 운동을 하기를 기대한다.
8. 나는 네가 운동을 하도록 해 주겠다.
9. 너는 계속 운동을 해야 한다.

Writing Tasks

Task 1 Identifying

It was great to see you after such a long time. First, I thank your mom for having me. I greatly enjoyed being with you and your family. It was kind of your father to fix my camera. He spent a whole day doing it! I don't know how to thank him. I hope (you can visit me here in London next time). I will be looking forward to seeing you soon. Bye.

해석

그렇게 오랜만에 너를 보니 정말 좋았단다. 먼저 너의 엄마에게 나를 데리고 있어주신 데 대해 감사해. 난 너와 네 가족과 함께 하는 것이 참 좋았어. 너의 아버지는 친절하게도 내 카메라를 고쳐 주셨어. 너의 아버지는 그걸 하느라고 하루를 다 보내셨어! 어떻게 감사할지 모르겠어. 다음 번엔 네가 여기 런던으로 나를 방문하길 바래. 너를 곧 보게 되기를 고대하고 있을게. 안녕.

Task 2 Reading&Writing

1. working at a restaurant
2. Smiling at angry customers
   (than 이하 비교하는 대상이 동명사구이므로 동명사구로)
3. learning what the real world is
4. it must not be easy for her parents to earn a living
5. rafting in the Colorado River
6. it pays to spend some time away from school

해석

안녕, 수미야! 너의 여름은 어땠니? 나의 여름은 근사했단다. 내 일생 처음으로 나는 식당에서 일해서 돈을 벌었단다. 오래 서 있는 것이 쉽지 않았어. 하지만 화난 손님들에게 웃음짓는 것이 훨씬 더 어려웠어. 돈을 버는 것은 그냥 돈이 아니라 세상을 배우는 거였어. 우리 부모님들이 돈을 버시는 것이 쉬운 일은 아니겠어. 여름의 후반부는 노는 시간이었단다. 나는 사촌들과 콜로라도강에서 뗏목타기를 재미있게 했어. 학교를 잠시 떠나 있는 것도 괜찮지, 안 그러니?

1. 그녀는 _____을 해서 돈을 벌었다.
2. _____은 오래 서 있는 것보다 더 어려웠다.

3. 그녀는 돈을 버는 것이 _____라는 것을 배웠다.
4. 이제 그녀는 직장생활하시는 부모님을 더 잘 이해한다. 그녀는 _____라고 말한다.
5. 그녀가 사촌들과 즐겁게 했던 것은 _____이었다.
6. 방학에 대해 그녀는 _____라고 말한다.

Task 3 Guided Writing

1. to invite you to a dinner
2. if you can come
3. if you can come
4. to have you in our house
5. you for inviting me
6. to seeing you then
7. for me to be there
8. to see all your family
9. you will get well soon
10. your son's getting married
11. your helping me out

해석

1. 당신을 저녁식사에 초대하고 싶습니다.
2. 오실 수 있는지 알려 주십시오.
3. 당신이 오신다면 정말 좋겠습니다.
4. 당신을 우리 집에서 모시기를 기대하고 있습니다.
5. 초대해 주셔서 감사합니다.
6. 우리는 그때 당신을 뵙기를 고대하고 있습니다.
7. 죄송합니다만, 제가 가기는 어렵겠습니다.
8. 당신의 가족을 모두 만나 정말 좋았습니다.
9. 곧 쾌차하시길 바랍니다.
10. 당신 아들의 결혼을 축하합니다.
11. 저를 도와주신 것에 대해 감사드립니다.

Task 4 Editing

1. to visit me → for visiting me
2. you took the time → your taking the time
3. inviting you → to invite you
4. to be with you → being with you
5. Stay with you → Staying with you
6. that work with you → to work with you
   (that절이 성립되려면 that I worked with you로 문장의 형식이 갖춰져야 함)
7. you to come to see → (that) you come to see
   (hope는 '목적어+to부정사' 형식이 뒤따르지 않음)
8. that you can come → if you can come
9. you drop by → you to drop by
10. not being there → for not being there

해석

1. 제가 병원에 있는 동안 방문해 주셔서 고맙습니다.
2. 당신이 저를 돕기 위해 시간을 내준 것에 정말 감사드립니다.
3. 당신을 제 딸의 결혼식에 초대하고 싶습니다.

4. 당신과 함께 해서 정말 즐거웠습니다.
5. 당신과 함께 한 것이 아주 즐거웠습니다.
6. 당신과 함께 일한 것은 저의 영광이었습니다.
7. 당신이 다음에 저를 보러 오시길 바랍니다.
8. 당신이 올 수 있는지 알려 주시기 바랍니다.
9. 네가 언제 곧 우리 집에 들러 주면 좋겠다.
10. 거기 못 가서 미안해.

Task5 Sentence Writing

1. Thank you for inviting me to your family occasion.
2. It was great to see all your family and friends there.
3. I hadn't expected to get such a warm welcome.
4. They made me feel at home. (make는 사역동사)
5. I hope they liked me.
6. I especially enjoyed talking with your grandmother.
7. She seemed to be very wise. /
   It seemed that she was very wise.
8. She told me to come to visit her sometimes.
9. I would like to invite you and your family to my home next Friday.
10. It would be nice if your grandmother can come.
11. Please let me know as soon as possible if you can come.
12. I am looking forward to seeing you and your family in my home.

Task6 On Your Own

1. I enjoy _____ .
2. I want _____ to stop _____ .
3. It is impossible for me to _____ .
4. It is too late for me to _____ .
5. _____ want me to _____ .
6. _____ always tells me (not) to _____ .
7. _____ let me _____ .

Bank

바람직한 것

시험(대회)에서 1등을 하다, 명문학교에 가다, 좋은 성적을 받다, 학교에서 잘하다, 친구를 더 많이 사귀다, 일찍 잠자리에 들다, 영어를 잘하다, 열심히 공부하다, 최선을 다하다, 나쁜 습관을 고치다, 체중을 줄이다, 다른 사람에게 더 관심을 갖다, 운동을 하다, 목표를 세우다, 집안일을 하다, ~을 돌보다, 참을성 있다/공손하다/공손하다/정리정돈을 잘하다/조심성 있다/유머러스하다/합리적이다/합리적이다/건강

하다/강하다/긍정적이다/독립적이다/자랑스럽다/현명하다/용감하다

바람직하지 않은 것

늦잠자다, 밤에 간식을 먹다, 불평하다, 참견하다, 고자질하다, 남의 말을 하다, 실수하다, 험담하다, 식사를 거르다, 놀리다, 비웃다, 남을 못살게 굴다, 싸우다, 비열하다/조심성 없다/참을성 없다/게으르다/낙담하다/무서워하다/소심하다/어리석다/부끄러워하다/질투하다

<table>
<tr><td colspan="2">UNIT
10</td><td>여러 가지 편지 쓰기 Ⅱ</td></tr>
</table>

Writing with Grammar : 부정사(형용사·부사적 용법)

Task2 Composition

1
1. to eat
2. to do
3. to talk to
4. to write on
5. to buy some bread
6. to ask her out
7. to get some fresh air
8. not to lose the game
9. to hear him sick
10. to be elected as the president
11. to be touched by a stranger
12. to go out in the dark
13. for babies to drink
14. not to wake the baby up
15. to carry it alone
16. for an adult to sit on (전치사 on을 빼면 안 됨)

해석

1
1. 나는 배고프다. 뭔가 먹고 싶다.
2. 나는 바쁘다. 할 일이 많다.
3. 나는 혼자 여행했다. 나는 이야기할 사람이 없었다.
4. 나는 쓸 게 없다. 종이 좀 갖다 줘.
5. 나는 빵을 사러 제과점에 갔다.
6. 존은 데이트 신청하기 위해 메리에게 전화했다.
7. 그는 신선한 공기를 쐬러 밖으로 나갔다.
8. 우리는 경기에서 지지 않기 위해 열심히 연습했다.
9. 그가 아프다는 말을 들으니 안됐구나.
10. 그 후보는 반드시 대통령으로 선출될 것이다.
11. 나는 낯선 사람이 만져서 당황했다.
12. 나는 어두운 데 나가는 것이 무섭다.
13. 그 물은 아기들이 마시기에는 너무 뜨겁다.
14. 그 음악은 아기를 깨우지 않을 만큼 조용하다.
15. 그녀는 그것을 혼자 못 나를 만큼 늙지 않았다.
16. 그 의자는 어른이 앉기에는 충분히 크지 않다.

Writing Tasks

Task1 Identifying

Hi, Steve! How's your tennis lesson going? It's too hot to play outside, isn't it? I have a packed schedule to follow but I have no energy to keep myself going. So I am just relaxing today. Surely summer is not a time to run on the track. Tomorrow may be cool enough for me to feel like doing something. I hope you are not too tired to write me. Bye!

해석

안녕, 스티브! 네 테니스 강습 어떻게 돼가고 있니? 밖에서 운동하기에는 너무 덥지? 나는 따라가야 할 스케줄이 빡빡한데 밀고 나갈 힘이 없구나. 그래서 오늘은 그냥 쉬고 있어. 정말이지 여름은 트랙에서 달리기할 시기가 아니야. 내일은 내가 뭔가를 하고 싶은 마음이 들 만큼 시원할지도 모르겠구나. 네가 나한테 편지를 못쓸 정도로 피곤하지 않기를 바란다. 안녕!

Task2 Reading&Writing

1. to have a nice house of her own
2. to celebrate with her
3. for her to take care of
4. to give her any free time
5. to drink a cup of coffee
6. not to attend Debby's house-warming party

해석

안녕, 데비! 이사 축하해! 네 집을 새로 갖게 되어 기쁘겠다. 나는 정말 너랑 축하하기 위해 거기 가고 싶어. 하지만 내가 여기서 신경 써야 할 일이 너무 많구나. 상사가 새로 왔는데 그가 너무 닦달을 해서 조금도 자유시간을 주지 않아. 어떤 때는 커피 한 잔 마실 시간도 없다니까! 나는 이런 상태가 2~3주만이기를 바래. 그렇지 않다면 나는 너무 지쳐서 그를 위해 일하지 못할 거야. 너의 집들이에 가지 못해 정말 미안하다. 하지만 곧 네 새 집에 가게 될 거야. 안녕.

1. 데비는 _____해서 확실히 기쁘다.
2. 쇼 부인은 _____하기 위해 데비네 집에 가고 싶어한다.
3. 그러나 _____할 일이 많이 있다.
4. 그녀의 새 상사는 너무 닦달을 해서 _____할 정도다.
5. 가끔 그녀는 너무 바빠서 _____할 정도다.
6. 그녀는 _____해서 정말 미안하다.

Task3 Guided Writing

1. for me to look after (him은 쓰면 안 됨),
   too weak to move around
2. for a baby to sit on (on을 써 줘야 함),
   too short to sit on a regular chair
3. to help us,
   too busy to do this all by ourselves

4. to finish today,
   enough time to play with you
5. to think about it (I가 앞에 있으므로 for me는 안 씀),
   well-informed enough to answer right now
6. for him to coat the wall with,
   dark enough to cover the black spots

해석

1. 그는 내가 보살펴야 할 환자다.
   그는 너무 약해서 돌아다닐 수가 없다.
2. 나는 아기가 앉을 높은 의자가 필요하다.
   그 애는 키가 너무 작아서 보통 의자에 앉을 수 없다.
3. 우리는 우리를 도울 남자를 찾고 있다.
   우리는 너무 바빠서 이것을 우리 힘만으로 할 수가 없다.
4. 나는 오늘 끝내야할 숙제가 많이 있다.
   너랑 놀 시간이 없다.
5. 거기에 대해 생각할 몇 분을 달라.
   나는 당장 대답할 만큼 거기에 대해 잘 모른다.
6. 이것은 그가 벽을 칠할 페인트다.
   하지만 그것은 그 검은 점들을 덮을 만큼 어둡지 않다.

Task4 Editing

1. to ask you → to ask of you
   (ask a favor of you는 '너에게 청을 하다'의 의미)
2. to finish it in → to finish in (it을 뺌)
3. too many books for me to read → too many books to read (for me를 뺌. 주어가 I로 같기 때문임)
4. to listen → to listen to
5. much time enough to do that → enough time to do that
6. so poor to do → too poor to do
7. to help me → to help me with
8. too long → long enough (의미상 too는 맞지 않음)
9. enough good → good enough
10. for doing it → to do it
11. to not disappoint you → not to disappoint you (부정사의 부정은 to 앞에 not을 붙임)

해석

[1.]브라이언, 네게 부탁이 하나 있단다. [2.]나는 일주일 내로 끝내야 할 프랑스어 숙제가 있어. [3.]나는 일주일 내로 읽어야 할 책이 너무 많아. [4.]들어야 할 테이프는 너무 많고. [5.]그걸 할 충분한 시간이 없구나. [6.]그리고 내 프랑스어 실력은 너무 형편없어서 그것을 혼자서 하지 못하겠어. [7.]그것은 우리 부모님이 도와줄 그런 게 아니야. [8.]나는 충분히 노력해 보았지만 내가 어찌해볼 도리가 없다는 걸 알았어. [9.]난 네 프랑스어 실력이 나를 도울 수 있을 만큼 좋다는 걸 알아. [10.]너 그걸 할 만한 시간이 있을 것 같니? [11.]나는 너를 실망시키지 않기 위해 최선을 다할게.

Task5 Sentence Writing

1. Now it's time to say good-bye.
2. I am too old to continue working.
3. You have been the best partners for me to

work with.

4. I have worked hard not to disappoint you.
5. I am proud to say this.
6. Now we have grown big enough to export our products throughout the world.
7. Before long the rest of the world will be surprised to see us.
8. The world is changing too fast (for us) to catch up with.
9. We should study not to fall behind.
10. It is not time to take it easy.
11. There are many things to look at, to listen to and to think about.
12. I believe you are wise enough to understand me.

Task6 On Your Own

1. Now I need _____ to _____ .
2. I was _____ to _____ today[yesterday].
3. I am[was] too _____ to _____ .
4. I am[was] _____ enough (not) to _____ .
5. I _____ today[yesterday] (in order) to _____ .
6. _____ is too _____ for me to _____ . / _____ is enough for me to _____ .
7. _____ is (not) too _____ for me to _____ .

Bank

필요한 것
시간, 공간, 돈, 도움, 조력자, 에너지, 친구, 선생님, 격려, 지원, 보살핌, 일, 옷, 용기, 힘, 지능, 지혜, 지식

사람에 대한 평가
지적인, 똑똑한, 명석한, 부자인, 아름다운, 현명한, 능력 있는, 믿을 만한, 의지할 만한, 관대한, 비열한, 어리석은, 말이 많은, 소심한, 내성적인, 외향적인, 조용한, 질투심 많은

관심분야
과학, 생물학, 화학, 물리학, 수학, 기하학, 심리학, 지리학, 지질학, 문학, 재즈, 현대무용, 현대미술, 정치, 경제

관심분야에 대한 평가
어려운/쉬운, 재미있는/지루한, 복잡한/단순한

Extra Writing Practice UNITS 9 & 10

1
1. I am going to write about keeping a pet.
2. It is beneficial for children to keep pets.
3. By caring for something, they learn about

responsibility and sacrifice.

4. I am sure of this from my childhood experience of keeping a puppy.
5. It was not easy for a little child to give a dog a bath and feed it.
6. Sometimes I was busy enough to skip feeding it.
7. But all the experience let me know what love is.
8. Some people say it is not healthy to have animals around.
9. Others may tell you to help children in need instead.
10. But it is not exciting or easy enough for a child to want to do that.

2
1. I am sorry to answer your letter so late.
2. It was not easy for me to get used to the new environment.
3. At first it was painful to go to school.
4. The lectures were too fast (for me) to understand.
5. There was no one to talk to.
6. I thought I didn't speak English well enough to get along with native speakers.
7. So I didn't even try to make friends with them.
8. In fact I am not outgoing enough to get along with anyone.
9. I was very sad to be alone in a far away land.
10. But I was too proud to complain to my mother on the phone.
11. But now I am happy to be here.
12. I have good friends to share everything with.

UNIT 11 사람·사물 소개하기

Writing with Grammar : 형용사절 I

Task2 Composition

1
1. (who(m)) I trust with my secret
2. (who(m)) I get the most useful information from / from whom I get the most useful information

3. who always makes us laugh
4. (who(m)) everybody turns to for help / to whom everybody turns for help
5. whose house is the biggest in town
6. whose paintings you can see on school walls

2
1. whose
2. that[which]
3. × (목적격 whom / who / that – 생략)
4. whom
5. × (목적격 that / which – 생략)
6. whose
7. for
8. which
9. whom

해석

1
1. 수잔은 내 비밀을 믿고 말할 수 있는 의리있는 친구이다.
2. 파멜라는 내가 가장 유용한 정보를 얻을 수 있는 지적인 친구이다.
3. 로라는 항상 우리를 웃게 하는 재미있는 친구이다.
4. 에이미는 모두가 도움을 청할 수 있는 관대한 친구이다.
5. 케이트는 마을에서 가장 큰 집을 가진 부자 부모를 두었다.
6. 킴은 예술적인 친구로 학교 벽에 그 애의 그림을 볼 수 있다.

2
1. 이름이 피터인 한 남자가 네게 전화했다.
2. 이것들은 그에게서 보내진 꽃이다.
3. 그는 내가 오늘 저녁식사에 초대한 남자다.
4. 그는 내가 유럽을 같이 여행한 남자다.
5. 이것들은 내가 유럽에서 찍은 사진들이다.
6. 이것은 내가 존경하는 저자의 프랑스책이다.
7. 그것은 내가 100달러에 산 책이다.
8. 그것은 표지가 아름답게 그려진 책이다.
9. 그것은 그 아이들을 위한 것으로, 그 중 절반이 장애인이다.

Writing Tasks

Task 1 Identifying

Coca-Cola was a brown syrup (that was made of coca leaves and cola nuts). It was first sold as a medicine (that was claimed to cure all kinds of health problems). Now it is a soda pop (the world enjoys). The number of bottles and cans (that sells in the US every year) is more than 45 billion. The recipe (they use to make Coca-Cola) is kept secret. The company, (which was established in 1899), is now doing business all over the world.

해석

코카콜라는 코카잎과 코카열매로 만들어진 갈색 시럽이었다. 그것은 처음에 모든 건강문제를 치료해 준다고 주장된 약으로 팔렸다. 이제 그것은 세계가 즐기는 청량음료다. 매년 미국에서 팔리는 병과 캔의 수는 450억 개가 넘는다. 코카콜라를 만드는 데 사용하는 제조법은 비밀로 지켜진다. 1899년에 설립된 그 회사는 이제 전세계에서 사업을 하고 있다.

Task 2 Reading&Writing

1. They live on the northen island of Hokkaido.
2. Their hair is wavy and their skin is light.
3. They grow them on their farms.
4. They eat their meat and they sell their skin.
5. They are made from a kind of grass.
6. It has a dirt floor with an open fire in the middle.
7. Most of them have died of diseases Japanese brought them.

해석

1. 아이누는 홋카이도라는 북쪽 섬에 사는 일본 원주민이다. 2. 아이누족은 머리가 곱슬거리고 피부는 밝아 다른 일본인들과 비슷해 보이지 않는다. 3. 해산물 이외에 그들은 자기들이 농장에서 재배하는 쌀과 채소를 먹는다. 4. 남자들은 갈색 곰을 사냥하는데 그들의 고기는 먹고 그들의 가죽은 판다. 5. 그들은 일종의 풀로 만들어진 집에 산다. 6. 그 집은 한가운데 개방식 불(남방)이 있고 흙바닥을 가졌다. 7. 이제는 아이누인들은 많이 없는데 그들 대부분은 일본인들이 그들에게 가져온 병으로 죽었다.

1. 아이누는 일본 원주민이다. _____
2. 아이누족은 다른 일본인들처럼 생기지 않았다. _____
3. 그들을 쌀과 채소를 먹는다. _____
4. 남자들은 갈색 곰을 사냥한다. _____
5. 그들은 집에서 산다. _____
6. 그 집에는 방이 하나밖에 없다. _____
7. 아이누인들은 많이 없다. _____

Task 3 Guided Writing

1. you look into for new words
2. whose stories are not real
3. most of which come out regularly for certain groups of readers
4. in which you talk to yourself / you talk to yourself in
5. who write for plays
6. which deals with the life of one particular person
7. who write for newspapers and magazines

해석

1. 사전은 우리가 모르는 단어를 알기 위해 찾아보는 참고도서이다.
2. 소설은 이야기가 사실이 아닌데 가장 대중적인 형태의 문학작품이다.
3. 잡지는 특정 독자군을 위해 정기적으로 나오는 정기간행물이다.
4. 일기는 자기 자신에게 이야기하는 일종의 일지다.
5. 극작가들은 연극을 위해 글을 쓰는 사람들이다.
6. 특정한 한 사람의 삶을 다루는 전기는 허구가 아니다.
7. 우리는 신문과 잡지를 위해 글을 쓰는 사람들을 언론인이라고 부른다.

Task4 Editing

1. that are → that is
   (관계대명사 that이 단수 sport를 받으므로)

2. 틀린 곳 없음

3. which → who

4. to prepare themselves → to prepare themselves for

5. each end → each end of which
   (두 절을 이어주는 관계대명사가 없음)

6. every one of them → every one of whom

7. to hit it into → to hit into (hit 다음에 it을 뺌)

8. small ball and which → small ball which
   (small ball 다음에 and를 뺌)

해석

1. 라크로스는 몇몇 나라에서 행해지는 특이한 운동경기다. **2.** 그것은 많은 캐나다 사람들이 즐겨 하는 여름 운동이다. **3.** 그것은 미국 인디언들에 의해 만들어졌는데 그들은 자신들을 훈련하기 위해 그 운동을 했다. **4.** 그들은 준비해야 할 많은 전쟁이 있었다. **5.** 그것은 필드에서 경기를 하는데 그 필드의 양끝에 골대가 있다. **6.** 각 팀은 열 명의 선수가 있는데 그들 모두가 크로스라고 불리는 막대를 가지고 있다. **7.** 선수들은 공을 잡기 위해 경쟁하는데 그들은 그 공을 네트 안으로 쳐서 넣으려고 한다. **8.** 그것은 빠른 속도로 패스되고 잡히는 작은 공이다.

Task5 Sentence Writing

1. English is the subject I study hardest.

2. It is the subject I am best at.

3. I read English storybooks I am interested in.

4. I watch English TV programs I can practice listening with.

5. English newspaper is the reading material I find most useful.

6. I have an English teacher I can get help from.

7. I have a dictionary I bought at a flea market for one dollar. / I have a dictionary I paid one dollar for at a flea market.

8. I have an American friend whose name is Linda.

9. Linda is a schoolgirl I sometimes exchange e-mails with.

10. She lives in a house, the roof of which is green. / She lives in a house whose roof is green.

11. She once sent me an e-mail, half of which was new words to me.

12. I usually e-mail her every two weeks, which is best time for me to study English.

Task6 On Your Own

1. _____ is the one who _____ me most.

(the one 대신 someone도 가능)

2. _____ is the toy that I played with most when young. (the toy that을 합쳐서 what으로 써도 됨)

3. _____ is a country (that) I have never been to.

4. I have bought _____, the color[size/price] of which was too _____.

5. _____ is an actor[actress] who I think is the most handsome[beautiful].

6. _____ is something (that) my friends and I talk most about. (something that을 합쳐서 what으로 써도 됨. 끝에 about을 빼면 안 됨)

7. I have a friend whose father is a _____ .

Bank

동사
걱정하다, 관심 갖다, 기쁘게 하다, 좋아하다, 존경하다, 부러워하다, 칭찬하다, 칭찬[험담]하다, 미워하다, 다치게 하다, 귀찮게 하다, 놀리다 (tease, make fun of, laugh at), 화나게 하다

장난감
미니 자동차, 레고 블록, 모래, 찰흙, 인형, 인형집, (솜이 들어간) 동물 인형, 구슬, 야구카드, 장난감[물]총, 퍼즐, 보드게임

화제거리
미래 직업, 스포츠, TV 프로그램, TV에 나오는 유명인사, 시험, 대입시험, 외모, 머리모양, 패션 동향, 옷가지, 쇼핑, 체중문제, 다이어트, 데이트, 과외활동, 학원, 과외, 기족, 인간관계, 학교안전, 왕따, 건강문제

직업
프로운동선수, 회사 최고경영자, 연예인, 영화감독, 동물조련사, 동물원 사육사[관리자], 오케스트라 지휘자, 서커스 광대, 선원, 발명가, 형사(탐정), 탐험가, 사진사, 여행가, 시인

UNIT 12 장소 소개하기

Writing with Grammar : 형용사절 II

Task2 Composition

1.
1. Greenland is an island where there is little green. (= Greenland is an island on which there is little green.)

2. I do grocery shopping in Freeway, where they sell fresh fruit. (선행사가 정해진 특정대상이므로 형용사절 앞에 쉼표(,)가 필요)

3. Let's stop at the hilltop, where we can have a beautiful view. (=Let's stop at the hilltop, from which we can have a beautiful

view.)

4. I'll see you on Sunday, when I'll have more free time. (=I'll see you on Sunday, on which I'll have more free time.)

5. The day (that[which]) I chose for moving was very hot.
   (관계대명사 — chose의 목적어, 생략 가능)

6. There are three reasons why I was late for school. (=There are three reasons for which I was late for school.)

7. This is the trick he fooled me with.
   (=This is the trick with which he fooled me.)

2 1. which   2. when   3. where
     4. where   5. that   6. why
     7. that   8. where

해석

1 1. 그린란드는 녹지가 거의 없는 섬이다.
2. 나는 신선한 야채를 파는 프리웨이에서 장을 본다.
3. 아름다운 경치를 볼 수 있는 그 언덕 위에서 멈추자.
4. 내가 더 시간이 많은 일요일에 만나자.
5. 내가 이사하려고 선택한 날은 아주 더웠다.
6. 내가 학교에 지각한 세 가지 이유가 있다.
7. 이것이 그가 나를 속인 속임수다.

2 1. 스웨덴은 내가 가본 적이 없는 나라다.
2. 그들은 일이 한가한 1월에 휴가를 간다.
3. 나는 모나리자가 있는 루브르 박물관에 갔다.
4. 비가 자주 내리는 런던에서는 우산이 필요하다.
5. 플라자는 그가 내게 추천한 호텔이다.
6. 돈이 그가 나를 보러오는 이유이다.
7. 그것은 그가 나를 필요로 하는 유일한 이유이다.
8. 나는 우리 아버지가 사실 집을 찾고 있다.

Writing Tasks

Task1 Identifying

The Smithsonian Institution is the world's largest museum complex <u>that is located in Washington DC</u>. It is 'the nation's attic', <u>(where there are 100 million valuable items)</u>. The institution was established in the 1840s, <u>(when James Smithson, a British chemist, left money for the museums)</u>. It consists of 14 museums, <u>the most popular of which is the National Air and Space Museum</u>. It is governed by the fund. That's the way <u>(they can manage without charging visitors)</u>.

스미소니언 재단은 워싱턴에 위치한 세계에서 가장 큰 박물관 단지다. 그곳은 1억 개의 귀중품이 있는 '미국의 다락방'이다. 그 재단은 영국의 화학자 제임스 스미슨이 박물관을 위해 돈을 남긴 1840년대에 세워졌다. 그곳은 14개의 박물관으로 이루어졌는데 그 중 가장 인기있는 곳이 항공우주박물관이다. 그곳은 기금으로 운영된다. 그것이 그들이 방문객들에게 요금을 받지 않고 운영하는 방법이다.

Task2 Reading&Writing

1. they can be seen nowhere else

2. there is an ice hotel,
   you can stay there only in winter (there 대신 in the hotel도 가능)

3. there is a salt hotel,
   everything is made of salt there (there 대신 in the hotel도 가능)

4. It is in the middle of a salt desert,
   there are no roads across the desert and you need a guide to the desert

5. The hotel ws built in the 1990s,
   a man named Juan Quesada came up with an idea then

6. He cut big blocks of salt from the desert,
   there was once a big lake there (there 대신 on the desert도 가능)

해석

1. 다른 곳에서는 볼 수 없는 특이한 호텔들이 많이 있다. **2.** 그린란드에는 겨울에만 묵을 수 있는 얼음호텔이 있다. **3.** 볼리비아에는 모든 것이 소금으로 만들어진 소금호텔이 있다. **4.** 그것은 통과하는 길이 없어 가려면 안내가 필요한 소금 사막 한가운데 있다. **5.** 그 호텔은 후안 퀘사다라는 한 남자가 생각을 해낸 1990년대에 지어졌다. **6.** 그는 한때 큰 호수가 있었던 사막에서 큰 소금벽돌을 잘라냈다.

Task3 Guided Writing

1. where there is the world's largest rain forest

2. where Portuguese is spoken

3. where the world's most coffee is produced

4. whose industry depends on

5. , from which it won independence in 1822
   (, which it won independence from in 1822. 쉼표(,) 필요)

6. , when it became a republic (쉼표(,) 필요)

7. , during which the military held power
   (쉼표(,) 필요)

해석

1. 브라질은 세계에서 가장 큰 열대우림이 있는 나라다.
2. 그곳은 남아메리카에서 포르투갈어가 사용되는 유일한 나라다.
3. 세계에서 가장 많은 커피가 생산되는 그 나라에서는 많은 사람들이 농업으로 살아간다.

4. 그 나라는 자연자원이 엄청나게 보존되어 있는데, 그 나라의 산업은 거기에 의존하고 있다.
5. 약 300년 동안 그 나라는 포르투갈의 식민지였는데, 1822년에 포르투갈로부터 독립했다.
6. 그런 후 그 나라는 1889년 공화국이 될 때까지 여러 왕에 의해 다스려졌다.
7. 그 나라는 군부가 권력을 잡은 향후 100년간은 크게 발전하지 못했다.

Task4 Editing

1. its soil → whose soil (관계사가 있어야 두 문장이 하나로 연결된다)
2. where few people live in → where few people live /(which) few people live (in)
   (in을 빼든지 where를 which로 바꿈. which로 바꾼 경우 in을 생략할 수도 있음)
3. where → which[that]
4. roams → roam (bears가 복수이므로)
5. which → where
6. depends → depends on
7. what → that[which]
   (선행사가 있는 경우 what을 쓰지 않음)
8. along the coastline → along whose coastline
9. where → which[that] 또는 생략
   (keep의 목적어로 관계대명사가 필요)
10. 틀린 곳 없음

해석

1. 알래스카는 땅의 3분의 2가 1년 내내 얼음 밑에 있는 곳이다. **2.** 하지만 그곳은 사람들이 거의 살지 않는 추운 땅만은 아니다. **3.** 그곳은 순수한 자연으로 가득 찬 경이로운 곳이다. **4.** 당신은 눈 위를 자유롭게 걸어다니는 북극곰을 볼 수 있다. **5.** 고대부터 있어온 눈을 볼 수 있는 산이 있다. **6.** 그곳은 미국이 미래를 의지하고 있는 천연자원이 풍부하다. **7.** 그곳에는 북미에서 가장 크다고 여겨지는 유전이 있다. **8.** 그곳은 미국에서 가장 큰 주로 해안선을 따라 많은 어류가 살고 있다. **9.** 그곳은 미국인들이 오래도록 깨끗하게 지키고 싶어하는 곳이다. **10.** 여름은 베링해협에 얼음이 없는 유일한 계절이다.

Task5 Sentence Writing

1. The earth is one of the nine planets that move around the sun.
2. Probably it is the only place where living creatures exist.
3. The earth is a beautiful planet where there are all kinds of places. / The earth is a beautiful planet which has all kinds of places.
4. There are big mountains which were made[formed] over millions of years.
5. There are also rain forests where half of the world's animal and plant species live.
6. There is also a desert where you can see only sand on the huge expanse of land.
7. There is a sea where life was believed to start. / There is sea where people believe life started.
8. Humans are exploring space, which is preparation for the future.
9. There are over 6 billion people, which means the earth is crowded.
10. Someday there might be a day when a beautiful planet like the earth will be found.
11. The 22nd century, when our grandchildren will live, may be the age of space.

Task6 On Your Own

1. _____ is a city where I want to live. /
   _____ is a city where I want to live in.
2. _____ is the best place I have ever been to. /
   _____ is the best place where I have ever been.
3. _____ is the month when I was born.
4. _____ is the day of week when I am most tired.
5. _____ is the reason why I study. /
   _____ is the reason (which) I study for.
6. _____ is the time of day when I talk most on the phone. / _____ is the time of day when I use the phone most.
7. _____ is the way I make my parents happy.

Bank

공부하는 이유
부자가[유명하게/행복하게] 되는 것, 재미있게 사는 것, 인생을 즐기는 것, 행복한 결혼, 좋은 직업을 갖는 것, 전문가가 되는 것, 중요한 사람이 되는 것, 좋은 사람이 되는 것, 세상을 변화시키는 것

달
1월, 2월, 3월, 4월, 5월, 6월, 7월, 8월, 9월, 10월, 11월, 12월

요일
일요일, 월요일, 화요일, 수요일, 목요일, 금요일, 토요일

부모님을 기쁘게 하는 방법
열심히 공부하는 것, 좋은 점수를 받는 것, ~에게 잘하는 것, 청소, ~를 돕는 것, 형제들과 사이좋게 지내는 것, 일찍 일어나는 것, 일찍 잠자리에 드는 것, 내 이불을 스스로 개고 펴는 것, 부모님 말씀에 복종하는 것, 야채를 더 많이 먹는 것, 운동을 더 많이 하는 것, 집에 일찍 오는 것, 컴퓨터 게임을 덜 하는 것, TV를 적게 보는 것, 덜 어지르는[시끄럽게 하는] 것, 덜 까다로운[반동거리는/투덜거리는] 것

1
1. A date palm is a tropical plant that grows in a warm place.
2. It is an old plant whose beauty people have loved.
3. It is also a useful tree that can be used in many ways.
4. It was an important plant whose fruit fed people and animals. /
It was an important plant whose fruit was food for people and animals.
5. Syrians and Egyptians were the first people who ate it 7,000 years ago.
6. We can tell this from the pictures that are left in their buildings.
7. Local people treasure this plant, whose leaves become baskets and whose wood is used for houses and boats.
8. There are over 2,700 kinds of palms, most of which can't live in the Middle East.
9. But the date palm, which likes dry place, grows well there. (쉼표(,) 필요)
10. In the museum there are paintings of date palms that Europeans and Arabians left hundreds of years ago.

2
1. Antarctica is the world's fifth largest continent, where the fewest people live. (쉼표(,) 필요)
2. It is a mysterious place, most of which is covered with ice.
3. It is the coldest place on earth, where the winter temperature drops down to minus 62°C. (쉼표(,) 필요)
4. It was not known to the world until 1773, when Captain Cook first explored it. (쉼표(,) 필요. 마지막에 it을 빼먹지 말 것)
5. But it has become a stage where many countries compete. (compete on the stage이므로 관계부사가 필요)
6. Now there are dozens of research centers, where scientists from all over the world do research.
7. Antarctica is becoming a popular tourist spot whose pristine nature is attractive.
8. The ozone layer over the Antarctica, which protects the earth from the harmful sunrays, is being destroyed.
9. There is a treaty (that) 32 countries signed to protect it. (signed the treaty이므로 선행사 treaty는 부사가 아닌 목적어)
10. This treaty limits the places where people can go. / This treaty limits the places (which) people can go to.

UNIT 13 리포트 쓰기

Writing with Grammar : 분사구 I

Task2 Composition

1
1. broken	2. breaking
3. paved	4. opening
5. looking	6. known
7. running	8. frozen
9. boring, bored	

2
1. giving a speech
2. knowing a lot about plants
3. most talked about these days
4. surrounded by the reporters
5. covered with a glass lid
6. blooming only every five years
7. originally growing in the rain forest
8. 고칠 수 없음 (주어가 다르기 때문에)
9. working for heart diseases
10. hidden inside plants

- -

해석

1
1. 작은 깨진 유리조각이 바닥 전체에 널려 있다.
2. 그는 기록을 깼다. 그것은 기록을 깬 승리이다.
3. 그 길은 울퉁불퉁하다. 그것은 포장도로가 아니다.
4. 그는 행사에서 개막연설을 할 것이다.
5. 그는 잘생겼다. 그는 잘생긴 남자이다.
6. 그 여자는 유명하다. 그녀는 잘 알려진 작가이다.
7. 그 영화는 두 시간 동안 상영된다. 상영시간은 두 시간이다.
8. 냉동실에 냉동 요구르트가 있다.
9. 그 영화는 지루했다. 관객들이 지루해 보였다.

2
1. 연설을 하고 있는 저 남자를 보아라.
2. 그는 식물에 대해 많이 아는 전문가이다.
3. 그는 요즘 가장 입에 많이 오르내리는 사람이다.
4. 기자들에 둘러싸여 있는 그 여자는 그의 동료이다.
5. 그녀는 유리뚜껑으로 덮여진 상자를 들고 있다.
6. 그것은 5년에 한 번씩밖에 꽃이 피지 않는 식물을 담고 있다.
7. 원래 열대우림 지역에서 자라는 그 식물은 지금 그의 연구실에서 재배되고 있다.

8. 그가 연구하고 있는 많은 종류의 식물이 있다.
9. 하나는 심장질환에 좋은 약으로 만들어진다.
10. 식물 속에 숨겨진 물질들이 우리 의학의 미래라고 그는 말한다.

Writing Tasks

Task1 Identifying

Every culture has its own tradition celebrating New Year's Day. In Western countries, people have parties wishing happiness for the coming year. They also make New Year's promises called resolutions. In Ecuador, people burn dolls filled with old newspapers and light firecrackers. It is a tradition meant to get rid of bad luck from the past year. Other countries have traditions wishing for good luck. People often eat food believed to bring good luck.

해석

모든 문화는 설날을 기념하는 고유한 전통을 가지고 있다. 서양에서는 사람들이 다가오는 해에 행복을 빌면서 파티를 한다. 그들은 결심이라고 불리는 새해 약속을 한다. 에콰도르에서는 사람들이 낡은 신문과 폭죽으로 채워진 인형을 태운다. 그것은 지난해로부터의 불운을 없앤다는 뜻을 가지고 있다. 다른 나라들은 행운을 비는 전통을 가지고 있다. 사람들은 종종 행운을 가져온다고 믿어지는 음식을 먹는다.

Task2 Reading&Writing

1. supplying half the world's energy
2. made into our everyday objects such as plastic and fertilizer
3. buried deep in the earth
4. drilled in Pennsylvania
5. located in the Middle East
6. remaining on earth

해석

석유는 지구 에너지의 절반을 공급하는 중요한 천연자원이다. 그것은 단지 에너지원만이 아니다. 그것은 또한 플라스틱과 비료와 같은 우리의 일상용품으로 만들어지는 중요한 재료이다. 그것은 땅속에 깊이 묻힌 식물과 플랑크톤으로부터 만들어진다. 초기 메소포타미아인들은 땅에 스며든 기름을 사용했었다. 그러나 진짜 석유산업은 1859년에 펜실베이니아에서 시추된 최초의 유전과 함께 시작되었다. 오늘날 세계는 중동에 위치한 기름에 많이 의존하고 있다. 지구상에 남아 있는 기름이 점점 적어지면서 석유를 생산하는 나라들은 점점 더 많은 정치적 힘을 갖고 있다.

1. 석유는 _____한 중요한 천연자원이다.
2. 그것은 그냥 에너지원이 아니라 _____한 재료이다.
3. 그것은 _____한 죽은 생물체로부터 만들어진다.
4. 석유산업은 _____한 유전과 더불어 1859년에 시작되었다.
5. 이제 세계는 _____한 석유에 의존하고 있다.
6. _____한 기름이 점점 적어짐에 따라 석유 생산국들은 더 많은 정

치적인 힘을 가지고 있다.

Task3 Guided Writing

1. giving our body full rest
2. spent on sleep
3. accompanied by rapid eye movement
4. sleeping with worries or concerns
5. looking for solutions to your problem
6. dreaming during a good night's sleep
7. taken before bedtime

해석

1. 잠은 우리 몸에 완전한 휴식을 주는, 우리 삶의 중요한 부분이다.
2. 잠에 쓰이는 평균 시간은 한 생애 중 22만 시간이다.
3. 빠른 눈 움직임을 동반하는 렘수면이 있다.
4. 걱정이나 염려를 하면서 잠이 든 사람들은 이 시기에 꿈을 꾼다.
5. 꿈은 당신의 문제에 대한 해결책을 찾는 잠자는 동안의 뇌의 노력이다.
6. 그러므로 밤에 푹 자면서 꿈을 꾸는 사람은 더 잘 배울 수도 있다.
7. 자기 전에 먹은 카페인과 알코올은 깊은 수면을 방해할 수 있다.

Task4 Editing

1. causing → caused
2. occurred → occurring
3. started → starting (저절로 발생한 것이므로 자동사), called tsunami: 맞음
4. rush → rushing
5. hitted → hit (hit의 과거분사형)
6. measuring (자동사)
7. who 삭제 또는 living을 live로 바꿈

해석

[1]지진은 지구의 움직임에 의해 야기되는 재난이다. [2]매년 발생하는 6천 개의 지진 중에 약 15개만이 큰 피해를 낸다. [3]대양에서 시작된 지진은 해일이라고 불리는 거대한 파도를 만들어낸다. [4]그 파도는 땅 쪽으로 달려가면서 중간에 놓인 모든 것을 파괴한다. [5]최근 수십 년 만에 최악의 해일에 강타당한 남아시아는 20만 명 이상의 목숨을 잃었다. [6]리히터 규모 6.5 이상으로 측정되는 지진은 매우 파괴적이다. [7]지진대에 사는 사람들은 항상 경계하고 있어야 한다.

Task5 Sentence Writing

1. Many countries are using oil produced in other countries.
2. The oil produced in the Middle East is carried in thousands of oil tankers every day.
3. Sometimes the oil carried in oil tankers is spilled into the sea.
4. This spilled oil harms sea creatures living in the sea.
5. The worst oil spill caused by an oil tanker occurred in 1989.

6. The oil spill covering the coast of Alaska seriously polluted the clean area.
7. Hundreds of thousands of sea creatures were covered with oil died.
8. Big fish having eaten polluted small shellfish fell ill later.
9. Iraq, letting out oil on purpose in the Gulf War in 1991, caused the biggest oil spill in history.
10. In some places the oil floating on the water was forty three centimeters thick.

Task6 On Your Own

1. I have a _____ by _____ .
2. _____ is a person _____ me most.
3. I am often _____ by _____ .
4. I have _____ _____ by _____ .
5. _____ is a house appliance most used by my family.
6. My father[mother] is someone _____ .

Bank

애장품
책(쓰다/서명하다), 그림, 사진(찍다), 조각품(만들다), 앨범, 편지, 옷(디자인하다)

감정
기쁘게 하다, 즐겁게 하다, 놀라게 하다, 흥미롭게 하다, 기쁘게하다, 격려하다, 낙담시키다, 충격을 주다, 피곤하게 하다, 지루하게 하다, 신나게 하다, 걱정하게 하다, 겁주다, 무섭게 하다, 짜증나게 하다, 화나게 하다(annoy/upset), 분노하게 하다, 실망시키다, 당황하게 하다, 곤혹스럽게 하다, 경탄하게 하다

일
숙제(하다/끝내다/제출하다), 책(읽다), 시험(보다/준비하다), 논문(쓰다/끝내다), 보고서, 그림(그리다), 일지(쓰다), 컴퓨터(고치다), 영어단어(외우다)

가전제품
컴퓨터, 냉장고, 가스레인지, 공기청정기, 선풍기, 에어컨, 세탁기, 전자레인지, 토스터, 오븐, 히터, 전축, 카세트 플레이어, CD 플레이어, 밥솥

UNIT 14 서평 · 영화평 쓰기

Writing with Grammar : 분사구 II

Task2 Composition

1
1. Lying on the sofa, I watched TV.
2. The girl, having been treated a long time,

is not getting any better.
3. A most successful writer in his time, he won the Nobel Prize.
4. Jerry, not understanding the question, couldn't answer it.
5. Paid well for little work, no one would want to quit this job.
6. With all the leaves having already turned red, the scenery was beautiful.
7. With his car in the garage, Mr. Lee took a bus to work.

2
1. earning a lot of money
2. Not having told the news
3. Not having slept well last night (주절보다 시제가 앞서 있으므로 완료형 분사구)
4. (With) Flowers blooming
5. The weather getting colder
6. (Being) A small country, Korea has little natural resources. (동격구가 됨)
7. with his hands covering the mouth

해석

1
1. 소파에 누워서 나는 TV를 봤다.
2. 그 여자아이는 오랫동안 치료를 받았는데도 더 이상 나아지지 않고 있다.
3. 그의 시대에 아주 성공적인 작가인 그는 노벨상을 받았다.
4. 제리는 그 질문을 이해하지 못해 답을 할 수가 없었다.
5. 적은 일에 많은 보수 때문에, 아무도 그 일을 그만두고 싶어하지 않을 것이다.
6. 모든 잎들이 빨갛게 변해 경치가 아름다웠다.
7. 차가 정비소에 있어서 이 씨는 버스로 출근했다.

2
1. 그는 평생 열심히 일해 돈을 많이 벌었다.
2. 그 소식을 듣지 않았지만 그는 그것을 잘 알고 있었다.
3. 어젯밤에 잘 자지 못해 그는 아주 피곤하다.
4. 꽃이 피자 그는 산과 들의 사진을 찍었다.
5. 날씨가 더 추워지면 화초들이 모두 죽을 것이다.
6. 한국은 작은 나라여서 천연자원이 별로 없다.
7. 그는 손으로 입을 가리고 웃었다.

Writing Tasks

Task1 Identifying

<u>Written by Anne Frank</u>, *the Diary of a Young Girl* is a kind of war report. <u>Hiding from the Nazis</u>, she and her family lived in a small space behind a bookcase between 1942 and 1944. <u>A thirteen-year-old girl with few things to do</u>, Anne kept a diary full of life. <u>Having been read throughout the world for decades</u>,

her diary is still a beautiful song of life in a
savage world.

안네 프랑크에 의해 쓰여진 〈어린 소녀의 일기〉는 일종의 전쟁 보고서다. 나치를 피해 그녀와 그녀의 가족은 1942년부터 1944년까지 책장 뒤의 작은 공간에서 살았다. 할 일이 거의 없었지만 13세 소녀 안네는 생기 넘치는 일기를 썼다. 수십 년 동안 전세계에서 읽혀 온 그녀의 일기는 여전히 야만적인 세상 속의 아름다운 인생찬가다.

Task2 Reading&Writing

1. it is highly praised by critics and moviegoers
2. It is a love story with a tragic ending
3. It is a disaster movie with the world's biggest ship sinking into the ocean
4. it is set in the early twentieth century
5. he captivated the audience worldwide

해석
1·비평가와 관객들에게 많은 격찬을 받은 '타이타닉'은 몇 년간 가장 인기 있는 영화 중 하나이다. 몇 가지 언급할 점이 있다. 첫째, 2·비극적인 결말을 가진 사랑 이야기로서, 그 영화는 우리 시대의 로미오와 줄리엣을 만들어냈다. 둘째, 3·세계에서 가장 큰 배가 바다로 빠지는 재난영화로서 그것은 오늘날 영화 산업의 기술을 소개한다. 셋째, 4·20세기 초를 무대로 하는 그 영화는 그 당시의 그림책 역할을 한다. 무엇이 되었든지 간에, 5· 제임스 카메론 감독은 훌륭한 솜씨를 발휘해서 전세계의 관객들을 사로잡았다.

1. 타이타닉은 아주 성공적인 영화이다. 그리고 _____.
2. _____이다. 그리고 그것은 우리 시대의 로미오와 줄리엣을 탄생시켰다.
3. _____이다. 그리고 그것은 오늘날 영화산업의 기술을 보여 준다.
4. _____이다. 그래서 그것은 그 당시의 그림책 역할을 한다.
5. 감독은 _____하면서, 훌륭한 솜씨를 발휘했다.

Task3 Guided Writing

1. Telling simple stories, fable writers delivers heavy messages.
2. Having been read for thousands of years, *Aesop's fables* are still popular.
3. Spoken in animals' voice, they give us valuable lessons.
4. With Hare losing the race with Tortoise, Aesop tells us the strongest does not always win.
5. Fox, failing to reach the grapes, thinks the grapes sour.
6. Like the fox, not honest enough to admit his weakness, we sometimes wrongly deny our failure.

해석
1. 우화작가들은 단순한 이야기를 하면서 무거운 메시지를 전달한다.

2. 수천 년 동안 읽혀져 온 〈이솝우화〉는 아직도 인기가 있다.
3. 동물의 목소리로 전해지는 그 이야기들은 우리에게 귀중한 교훈을 준다.
4. 거북이와의 경주에 진 토끼를 통해 이솝은 가장 강한 자가 항상 이기는 것은 아니라고 우리에게 말한다.
5. 포도에 손이 미치지 못한 여우는 그 포도가 시다고 생각한다.
6. 자신의 약점을 받아들일 만큼 정직하지 못한 여우처럼 우리는 가끔 우리의 실패를 부인하는 잘못을 범한다.

Task4 Editing

1. Writing → Written
2. Having read → Having been read
3. Grown up → Having grown up
4. A story of boyhood → Writing a story of boyhood (주절의 주어 Twain은 분사구의 주어가 될 수 없으므로 주어를 통일시키는 표현으로 바꿔야 함)
5. he wins → wins (he를 뺌)
6. adding → added
7. Excelled → Excelling
8. follow → following

해석
1·1876년에 쓰여진 〈톰 소여의 모험〉은 마크 트웨인의 최고작 중의 하나다. 2·한 세기 이상 동안 읽혀져 왔지만 그 책은 아직도 10대들에게 흥미를 끈다. 3·작은 마을에서 자란 트웨인은 자기의 어린시절 기억을 책에 많이 넣었다. 4· 소년시절의 이야기인 그 책에서 트웨인은 톰이라는 멋진 인물을 창조해냈다. 5·장난꾸러기지만 마음씨 착한 톰은 모범생에 이긴다. 6·미국식 유머가 더해져서 그 책은 미소와 함께 읽힌다. 7·사투리를 쓰는 데 능한 트웨인은 진정한 미국 소설을 썼다. 8·많은 사람들이 그의 스타일을 뒤따른 트웨인은 미국 소설의 선구자이다.

Task5 Sentence Writing

1. Written in plain English, the book reads well.
2. (Having been) Written 10 years ago, it was published only recently. (완료형도 가능)
3. Having a bestseller for weeks, it is expected to be the best novel of the year.
4. Most readers (being) in their twenties and thirties, it is called a new-age novel.
5. Full of signs and symbols, the book draws its readers into the thrilling world of mystery.
6. (With) The book's Internet cafe made, subscribers are increasing sharply.
7. The best mystery book of the 20C, the book will be made into a movie.
8. Having read the book until late last night, I had a headache all day today.
(시차가 분명하기 때문에 완료형 분사를 써야 함)
9. The author, now (being) in his early forties, is watched by the whole world.

10. Once reading it, you will know he is a very bright man.

1. Being[Having] _____ , I _____ .
2. (With) My home _____ , I _____ .
3. Having _____ , I _____ .
4. Having _____ , I _____ .
5. (With) My parents _____ , I _____ .
6. _____ , I will _____ .

Bank

신체조건
키가 큰, 마른, 야윈, 육중한, 뚱뚱한, 작은, 강한, 약한, 긴[짧은/가는/두꺼운] 다리를 가지다, 숱이 많은[곱슬/직모] 머리를 가지다, 둥근[각진/긴/큰] 얼굴을 가지다, 큰 어깨[몸집/근육]를 가지다, 나쁜 시력[청력/기억력]을 가지다

경험
싸우다, 부수다, 아프다, 시골[외국]에 살다, 놀다, 여행하다, 전학하다, 친구들이 있다, ~에 경험을 가지다, ~에 흥미가 있다

상황
늦게까지 일하다, 허락하다, 금지하다, 격려하다, 재촉하다, 우기다, 강요하다, 바쁜, 부유한, 가난한, 이해심 많은, 잘 보살피는, 밀어주는, 사랑이 많은, 채근하는, 요구가 많은, 지배적인

Extra Writing Practice UNITS 13 & 14

1
1. The yellow sand, hitting Korea every sprting, is no longer new to Koreans.
2. Starting in the Gobi Desert in China, it flies into Korea on the wind.
3. With dry land increasing, China makes more and more yellow sand every year.
4. Passing through the polluted air over China, it carries a lot of heavy metals.
5. These heavy metals, harmful to the health, can be deadly to old and weak people.
6. The biggest victim itself, China blames global warming.
7. Other countries, having suffered enough, blames China's overdevelopment.
8. With no special solutions seen, Korea should keep suffering from yellow sand.
   (seen 대신 in sight도 가능)
9. (When) Returning from outside, be sure to wash your face and brush your teeth.

2
1. Set in the end of 19C, the book portrays Korea at that time well.
2. A small country surrounded by superpowers, Korea was helpless.
3. At first Korea closed its doors, trying to protect itself from foreign power.
4. (After) Forced to open its doors, it fell a prey to superpowers.
5. (After) Losing their country, the life of the people led a miserable life.
6. (With) Life (being) hard, they didn't stop loving their country.
7. A story of a poor farmer, the book shows how much the author loves Korea.
8. Having lived in Korea for years, the author understands Korean culture well.
9. Interested in Korea, he studied Korean history in university.
10. Giving lectures in Korean universities, he is having a national tour. / He is having a national tour, giving lectures in Korean universites.

UNIT
15 에세이 쓰기

Writing with Grammar : 특수구문(생략·도치·강조)

Task 2 **Composition**

1
1. As a child, John was seriously ill.
2. If in a hurry, you can leave without me.
3. While walking in the park, she saw a dead bird.
4. The light turned on as if by magic.

2
1. Not a word did he say until the meeting ended
2. Hardly can I understand his behavior.
3. Only once had they seen each other before the wedding.

3
1. It was Mary that[who] I saw in the bookstore yesterday.
2. It was in the bookstore that[where] I saw Mary yesterday.
3. It was yesterday that[when] I saw Mary in the bookstore.

1
1. 어렸을 때 존은 심하게 아팠다.
2. 급하면 나 없이 떠나도 된다.
3. 공원에서 걷는 동안 그녀는 죽은 새를 봤다.
4. 그 불은 마치 마술처럼 켜졌다.

2
1. 모임이 끝날 때까지 그는 한 마디도 하지 않았다.
2. 나는 그의 행동을 거의 이해하지 못한다.
3. 그들은 결혼 전에 딱 한 번 만났다.

3
1. 내가 어제 서점에서 만난 사람은 다름 아닌 메리였다.
2. 내가 어제 메리를 만난 것은 다름 아닌 서점에서였다.
3. 내가 메리를 서점에서 만난 것은 다름 아닌 어제였다.

6. So used to her presence was I, I was almost shocked at her leaving.
7. On my desk lies the trace of our long friendship: pictures and presents she gave me.

[1]우리는 어떤 것이 없어질 때까지 그것의 가치를 깨닫지 못한다. [2]지난달에서야 그 깨달음이 내게 왔다. [3]내 제일 친한 친구 수잔이 그때 외국으로 이민을 갔다. 그녀는 항상 내 옆에 있었다. [4]내가 곤경에 처할 때 나는 언제나 그녀의 도움의 손길을 찾아 손을 내밀었다. [5]비록 흑백처럼 서로 달랐지만 우리는 나눌 게 많았다. [6]그녀의 존재에 너무 익숙해서 나는 그녀가 떠날 때 거의 충격을 받았다. [7]내 책상에는 우리의 오랜 우정의 흔적이 놓여 있다. 그녀가 내게 준 사진과 선물들이.

Writing Tasks

Task1 Identifying

It was last year that I first visited the homeless shelter. Not until then, did I realize how happy I was. There on the dirt were quite a few children rolling and fighting. (Even after returning home), the children's eyes didn't leave my mind. (Not knowing what to do), however, I was just leading my simple routine life. Only when I read about the program on the paper, did the idea strike me. Now every Saturday, I play with the kids there. Little had I dreamed I had so much to give.

내가 처음으로 노숙자 보호소를 방문했던 것은 작년이었다. 그때까지 나는 내가 얼마나 행복한지 깨닫지 못했다. 거기 흙 위에는 여러 명의 아이들이 뒹굴고 싸우고 있었다. 집에 돌아온 후에도 그 아이들의 눈이 내 마음에서 떠나지 않았다. 그러나 무엇을 할지 몰라 나는 나의 단순한 일상생활을 그냥 이어가고 있었다. 신문에서 그 프로그램에 대해 읽었을 때에야 그 아이디어가 떠올랐다. 이제 매주 일요일 나는 그곳의 아이들과 놀아 준다. 나는 내가 줄 것이 그렇게 많은지 미처 몰랐었다.

Task2 Reading&Writing

1. Hardly do we realize the value of something until we are out of it.
2. Not until last month did the realization come to me.
3. It was then that my best friend Susan moved out of country.
4. When in trouble, I always reached for her helping hand.
5. Although different like black and white, we had a lot to share.

Task3 Guided Writing

1. It is by walking, not by dieting that I keep myself thin.
2. Only when I can't walk, do I skip my walking.
3. Hardly can I think of a better exercise than walking.
4. It is only shoes and time that you need.
5. Just off your house lies beautiful nature waiting for you.
6. While walking with friends, you can have a good chat.
7. When alone, you have ample time to think.

1. 내가 날씬함을 유지하는 것은 식이요법이 아니라 걷기를 통해서다.
2. 걸을 수 없을 때만 나는 걷는 운동을 거른다.
3. 나는 걷기보다 더 좋은 운동을 생각할 수 없다.
4. 오직 신발과 시간만이 필요할 뿐이다.
5. 당신의 집 바로 밖에 아름다운 자연이 당신을 기다리며 놓여 있다.
6. 친구들과 걸을 때 당신은 실컷 수다를 떨 수 있다.
7. 혼자일 때 당신은 생각할 시간을 충분히 갖게 된다.

Task4 Editing

1. teaches → teach
2. Never you can → Never can you
3. Not only you have tried → Not only have you tried
4. Only once I have → Only once have I
5. So many times I fell → So many times did I fall
6. about skiing → about skiing from (learn about skiing from the practice)
7. make mistakes → making mistakes
8. what → that

당신에게 어떻게 나쁜 것을 피하는지 가르쳐 주는 것은 다름 아닌 실수다. **2.** 실수를 하지 않고는 당신은 어떤 것을 절대 잘할 수가 없다. **3.** 당신은 새로운 것을 해봤을 뿐 아니라 그걸 좀 더 잘하게 되었다. **4.** 딱 한 번 나는 스키를 타 본 적이 있다. **5.** 너무나 여러 번 넘어져서 나는 그 짧은 연습 후에 거의 일어설 수 없었다. **6.** 하지만 내가 스키에 대해 가장 많이 배운 것은 바로 그 한 번의 연습이었다. **7.** 실수를 할 때는 기분 나빠하지 마라. **8.** 변화를 만드는 것(좋 아지는 것)은 당신이 실수를 바라보는 태도다.

Task 5 Sentence Writing

1. It is writing a diary in English that I recommend for your English.
2. Only through practice can we improve our English.
3. But hardly ever do we use English in our daily life.
4. Writing in English, we think hard in English.
5. It is the time when we think in English that we need.
6. In a diary are many things. /
   There are many things in a diary.
7. There are facts as well as our feelings and thoughts.
8. People say so hard is English (that) it is impossible to write in English.
9. But it is lack of our will that fails us.
10. If written every day, a diary will be our best English teacher.

Task 6 On Your Own

1. It is _____ that I am most afraid of.
2. It is in _____ that[where] I spend the most of my free time.
3. Only in _____ can I _____ .
4. So _____ is _____ , (that) I can hardly _____ .
5. Never in my life have I _____ .
6. Only when _____ , do I _____ .
7. In my room are many _____ . /
   There are many _____ in my room.

Bank

무서운 것
뱀, 전쟁, 피, 고통, 죽음, 귀신, 신, 시험, 선생님, 부모님

장소
침대, TV, 컴퓨터, 거울, 소파, 부엌, 방, 책상, 욕실, 쇼핑몰, 백화점, 영화관, 야구장, 테니스 코트, 사람들 앞에서[혼자 있을 때]

행동
말하다, 자다, 먹다, 공부하다, 읽다, 노래하다, 춤추다, 말싸움하다 (argue, quarrel), 싸우다, 귀찮게 하다, 다치게 하다, 이기다, 따라 잡다

UNIT 16 독후감 쓰기

Writing with Grammar : 단어의 활용

Task 2 Composition

1
1. very, well
2. rare, beautiful
3. early, riser
4. fluent, English, speaker
5. nationally, famous
6. happiness, great
7. great, importance
8. no, use
9. great, care
10. early, arrival, unexpected
11. development, amazing
12. realization, sudden
13. great, improvement
14. dependence, excessive
15. sharp, increase
16. unbelievable, shortage
17. length
18. encouraged, empowered

해석

1
1. 그는 아주 훌륭한 요리사다. 그는 요리를 아주 잘한다.
2. 그녀는 뛰어난 미인이다. 그녀는 뛰어나게 아름답다.
3. 나는 일찍 일어난다. 나는 일찍 일어나는 사람이다.
4. 그녀는 영어를 아주 유창하게 한다. 그녀는 아주 유창한 영어로 말하는 사람이다.
5. 그는 전국적인 명성을 가지고 있다. 그는 전국적으로 유명하다.
6. 그녀는 아주 행복하다. 그녀의 행복은 아주 크다.
7. 그것은 아주 중요한 일이다. 그것은 아주 중요한 일이다.
8. 그것은 쓸모없다. 그것은 쓸모없다.
9. 그는 아주 조심스럽게 운전한다. 그는 아주 조심스럽게 운전한다.
10. 그는 뜻밖에 일찍 도착했다. 그의 이른 도착은 뜻밖이었다.
11. 그 나라는 놀랍게 발전했다. 그 나라의 발전은 놀라웠다.
12 나는 갑자기 진실을 깨달았다. 진실에 대한 나의 깨달음은 갑작스 러웠다.
13. 그의 영어는 많이 늘었다. 그는 영어에 큰 진보를 이루었다.
14. 그는 그의 엄마에게 지나치게 의존한다. 그의 엄마에 대한 의존은 지나치다.
15. 기름 값이 급격히 상승했다. 기름값에 급격한 상승이 있었다.
16. 기름 공급이 믿을 수 없게 부족하다. 기름 공급에 믿을 수 없을 정

도의 부족이 있다.

17. 그 밧줄은 20미터 길이다. 그 밧줄은 길이가 20미터다.
18. 그는 나에게 용기와 힘을 주었다. 그는 나를 격려하고 힘을 주었다.

Writing Tasks

Task1 Identifying

I greatly(great) enjoyed *the Pearl* by John Steinbeck. His writing(write) style was very natural(nature). His preference(prefer) for a simple way of life(live) was clear. The valuable(value) pearl didn't bring the simple people happiness(happy). Instead it made them only miserable(misery). His message seems to be clear: "Money isn't everything. Only love is of great importance(important)." I liked the book. But his feelings(feel) against rich people didn't seem reasonable(reason).

해석

나는 존 스타인벡의 〈진주〉를 아주 재미있게 읽었다. 그의 문체는 아주 자연스러웠다. 소박한 삶에 대한 그의 선호는 분명했다. 그 값진 진주는 그 검소한 사람들에게 행복을 가져다주지 않았다. 대신 그것은 그들을 비참하게 만들 뿐이었다. 그의 메시지는 분명해 보인다. "돈이 다가 아니다. 사랑만이 아주 중요하다." 나는 그 책이 재미있었다. 하지만 부자들에 대한 그의 반감은 합리적인 것으로 보이지 않았다.

Task2 Reading&Writing

1. horror
2. intelligence, curiosity, hard-work
3. creation
4. happiness, successful
5. expectation, tragedy
6. hatred

해석

1.프랑켄슈타인은 끔찍한 괴물을 생각나게 한다. 그러나 그것은 괴물의 이름이 아니다. **2.**프랑켄슈타인은 지적이고 호기심 많고 근면한 한 남자였다. **3.**그는 시체로 괴물을 만들어냈다. **4.**처음에 그는 자기의 성공에 기뻤다. **5.**그는 그와 같은 비극적인 종말은 전혀 기대하지 않았었다. 처음 그의 창조물은 못생겼지만 사악하진 않았다. 그는 사람들로부터 사랑을 원했다. 그러나 사람들은 그에게서 도망쳤다. 그는 외로웠다. **6.**그들은 그를 미워했고 그는 그들을 미워하는 것을 배웠다. 나중에 그는 사람을 죽이기까지 했다. 그 책은 우리에게 말하고 싶어한다. "모두가 사랑이 필요하다. 처음부터 나쁜 사람은 없다."

1. 프랑켄슈타인은 당신에게 _____감을 준다.
2. 하지만 프랑켄슈타인은 _____한 남자였다.
3. 그 괴물은 시체들로부터 만든 그의 _____이었다.
4. 처음에 그의 _____한 실험에 대한 그의 _____은 컸다.
5. 그러나 그의 _____과 반대로 그것은 _____으로 끝났다.
6. 그 괴물은 사람들로부터 _____을 배웠다. 그는 사악해졌다.

Task3 Guided Writing

1. powerfully, argues (순서를 바꾸어도 됨)
2. delivery, successful
3. long, division, war
4. shocking, involvement, variety
5. strong, belief, deeds
6. realization, truth

해석

1. 이 책은 폭력을 반대하는 강력한 주장이다.
   이 책은 폭력에 대해 강력하게 반대하고 있다.
2. 작가는 그의 메시지를 성공적으로 전달한다.
   작가의 메시지 전달은 성공적이다.
3. 그 부족은 오랫동안 나뉘어져 싸워왔다.
   그 부족은 분열과 전쟁의 오랜 역사를 가지고 있다.
4. 키쿠는 여러 가지 폭력적인 행동에 충격적으로 개입한다.
   키쿠의 다양한 폭력 행동에의 개입을 보는 것은 충격적이다.
5. 그는 자기가 옳은 일을 하고 있다고 강력하게 믿는다.
   그는 자기 행동에 대한 강한 신념을 가지고 있다.
6. 그는 전쟁의 진정한 본질을 깨닫는다, 하지만 너무 늦었다.
   그 전쟁에 감추어진 진실에 대한 그의 깨달음이 온다, 하지만 너무 늦었다.

Task4 Editing

1. whose: 맞음, discover → discovery, changed: 맞음
2. lucky → luck, that: 맞음, discovered: 맞음
3. early: 맞음, child → childhood, beyond: 맞음
4. firmly: 맞음, believed: 맞음, sail → sailing
5. hardly: 맞음, convince: 맞음, believe → belief
6. determine → determination, find → finding, supporters: 맞음
7. history → historic, difficults → difficulties
8. dead → death, uncertain → uncertainty, hopeless → hopelessness
9. jealous → jealousy, misunderstand → misunderstanding, expect → expectation
10. achieve → achievement, greedy → greed, destroy → destruction, misery: 맞음

해석

1.이 책은 그의 발견으로 세계를 바꾼 콜럼버스에 대한 책이다. **2.**그가 아메리카 대륙을 발견한 것은 단지 운이 아니었다. **3.**어린 시절부터 그는 바다 너머의 세상에 대해 꿈을 꾸었다. **4.**그는 서쪽으로 항해함으로써 인도에 도착할 수 있다고 확신했다. **5.**그러나 그는 다른 사람들에게 그의 믿음을 확신시킬 수 없었다. **6.**그는 결심이 굳은 사람이었다. 그는 후원자를 찾는 것을 결코 포기하지 않았다. **7.**그의 역사적인 항해 동안 그는 많은 어려움이 있었다. **8.**그는 죽을 뻔했다, 불확실감과 절망감과 함께. **9.**스페인에 돌아와서 그는 질투와 오해, 그리고 지나친 기대를 받았다. **10.**그의 업적은 대단했다. 하지만 그것은 아메리카에 탐욕과 파괴, 그리고 비참함만을 가져왔다.

Task 5 Sentence Writing

1. This book is about the development of technology.
2. Technology is developing beyond our imagination.
3. This book asks us if technology is beneficial to us.
4. At the beginning, the author lists historically important events in technological development.
5. Then he writes how dangerous and deadly the technology can be.
6. Technology has been used by human greed and selfishness.
7. But human curiosity has always caused new technological development.
8. Thanks to technological development, humans are enjoying affluence without hunger.
9. But overdevelopment has brought the earth many illnesses.
10. Our safety and happiness depends on how we make use of technology.
11. I totally agree with him.

Task 6 On Your Own

1. The book is about _____ .
2. The main character is _____ .
3. He[She] is in _____ .
4. He[She] _____ .
5. He[She] _____ .
6. He[She] _____ .
7. I think he[she] _____ .

Bank

주제

사랑, 우정, 모험, 성장과정의 아픔, 외모, 돈, 학교생활, 가정생활, 아버지[어머니]–아들[딸] 관계, 형제간의 경쟁, 추리, 범죄, 죽음, 역사적 사건, 과학 분야의 화제, 사회문제, 경제, 정치, 환경, 예술, 음악, 문화, 종교

성격

거친, 폭력적인, 공격적인, 의존적인[독립적인], 낙관적인, 염세적인, 냉정한, 마음이 따뜻한, 공손한, 수줍어 하는, 소심한, 내성적인, 낙천적인, 붙임성 있는, 고집 센, 참을성 없는, 야심만만한, 시기심 많은, 이기적인, 경쟁적인, 상상력이 풍부한, 창의적인, 사교적인, 우호적인, 남을 잘 보살피는, 이해심 많은, 관대한, 교활한(cunning, sly), 비판적인, 상냥한, 귀여운, 매력적인(charming, attractive)

상황

가난한, ~이 없는, ~와 사랑하는, ~와 갈등하는, 고뇌하는, 비참한, 절망적인, 행복한, 슬픈, 외로운, 귀염 받는(favored, well-liked), 칭찬[험담]받는, 상심한, 입원한, 거절당한, 우울한, 스트레스 받는, 풀죽은, 화난, 무시당한, 내팽겨쳐진, 길 잃은, 선망 받는, 안달하는, 희망적인, 희망이 없는, 실망한, 난처한, 소외된

Extra Writing Practice UNITS 15 & 16

1
1. Never have I eaten such good food as pizza.
2. Not only is pizza handy to eat, but also (it is) tasty and nutritious.
3. So spicy is it, you can never forget it once you taste it.
4. By changing toppings, you can make various pizzas like healthy pizza or fatty pizza.
5. It was Italy that made pizza popular.
6. At first, pizza was a cheap food of Italian peasants.
7. After a queen liked it and ate it every day, it became Italy's favorite food.
8. But it was by America that pizza was made an international food.
9. Only after the World War II was pizza known to America.
10. Today on every school lunch menu of America is pizza. / There is a pizza on every lunch menu of America.

2
1. Willie Morris is a Southern journalist, author and editor.
2. He is the winner of several renowned awards.
3. He wrote about the importance of friendship.
4. "It is friendship that supports our weaknesses," he writes.
5. "At the heart of friendship is loyalty."
6. "Not only loyalty but also generosity and laughter does friendship need."
7. "Seeing an old friend again is like continuing a conversation stopped by time."
8. "I have an old friend with warmth and intelligence, and it's my dog."
9. "Friendship makes our life truly valuable and meaningful."
10. I think he expressed the meaning of friendship excellently well.

36

The Best Preparation
for Writing

Features:

1. Grammar-Based Writing
영어 문장 구조를 기본적으로 활용하여 체계적인 작문 기초 스킬을 연마할 수 있도록 구성

2. Step by Step / Integrated Approach
읽고, 쓰고 , 바꿔 보는 과정을 통해 다양한 영어 작문 활동 강조

3. Writing on Various Subjects
다양한 주제의 영어 글쓰기 강조

4. Writing with Various Purposes
다양한 목적의 영어 글쓰기 강조